MedR Schriftenreihe Medizinrecht

Reihe herausgegeben von

Andreas Spickhoff, Ludwig-Maximilians-Universität Mü
München, Deutschland

Karin Neßeler

Gutachterliche Stellungnahmen in der Maßregelvollstreckung (§ 63 StGB)

Eine Untersuchung zur Reichweite der bezugstherapeutischen Schweigepflicht

Springer

Karin Neßeler
Lehrstuhl für Strafrecht und Kriminologie (Prof. Dr. Ralf Kölbel)
Ludwig-Maximilians-Universität
München, Deutschland

ISSN 1431-1151
MedR Schriftenreihe Medizinrecht
ISBN 978-3-662-73983-9 ISBN 978-3-662-73984-6 (eBook)
https://doi.org/10.1007/978-3-662-73984-6

Die Deutsche Nationalbibliothek verzeichnet diese Publikation in der Deutschen Nationalbibliografie; detaillierte bibliografische Daten sind im Internet über https://portal.dnb.de abrufbar.

Springer ist ein Imprint der eingetragenen Gesellschaft Springer-Verlag GmbH, DE und ist ein Teil von Springer Nature.
Die Anschrift der Gesellschaft ist: Heidelberger Platz 3, 14197 Berlin, Germany

Interessenskonflikt Der/die Autor*in hat keine relevanten Interessenskonflikte im Zusammenhang mit dieser Publikation.

Inhaltsverzeichnis

Abkürzungsverzeichnis

a. A.	andere Ansicht
Abs.	Absatz
a. F.	alte Fassung
Alt.	Alternative
Amtsbl.	Amtsblatt
Anm.	Anmerkung
AnwK-StGB	AnwaltKommentar Strafgesetzbuch
AO	Abgabenordnung
Art.	Artikel
ArztR-Hdb	Handbuch des Arztrechts
Aufl.	Auflage
Bay	Bayern
BayMRVG	Gesetz über den Vollzug der Maßregeln der Besserung und Sicherung sowie der einstweiligen Unterbringung (Bayerisches Maßregelvollzugsgesetz)
BayObLG	Bayerisches Oberlandesgericht
BayRS	Bayerische Rechtssammlung
BayStVollzG	Bayerisches Strafvollzugsgesetz
BBG	Bundesbeamtengesetz
Bbg	Brandenburg
BbgPJMDSG	Gesetz zur Umsetzung der Richtlinie (EU) 2016/680 für die Verarbeitung personenbezogener Daten durch die Polizei sowie den Justiz- und Maßregelvollzug des Landes Brandenburg (Brandenburgisches Polizei-, Justizvollzugs- und Maßregelvollzugsdatenschutzgesetz)
BbgPsychKG	Gesetz über Hilfen und Schutzmaßnahmen sowie über den Vollzug gerichtlich angeordneter Unterbringung für psychisch Kranke (Brandenburgisches Psychisch-Kranken-Gesetz)

BDSG	Bundesdatenschutzgesetz
BeamStG	Gesetz zur Regelung des Statusrechts der Beamtinnen und Beamten in den Ländern
BeckOK	Beck'scher Online-Kommentar
BeckRS	Beck-Rechtsprechung
BGBl.	Bundesgesetzblatt
BGH	Bundesgerichtshof
BGHSt	Entscheidungen des Bundesgerichtshofes in Strafsachen
Bln	Berlin
Brem.	Bremen
BremDSGVOAG	Bremisches Ausführungsgesetz zur EU-Datenschutz-Grundverordnung
Brem.GBl.	Gesetzblatt der Freien Hansestadt Bremen
BremPsychKG	Bremisches Gesetz über Hilfen und Schutzmaßnahmen bei psychischen Krankheiten
Bsp.	Beispiel
bspw.	beispielsweise
BT-Drs	Bundestagsdrucksache
BVerfG	Bundesverfassungsgericht
BVerfGE	Entscheidungen des Bundesverfassungsgerichts
BW	Baden-Württemberg
bzw.	beziehungsweise
DatenschutzR	Datenschutzrecht
dens.	denselben
ders.	derselbe
Diss.	Dissertation
Drs.	Drucksache
DSG	Datenschutzgesetz
DSG M-V	Datenschutzgesetz für das Land Mecklenburg-Vorpommern (Landesdatenschutzgesetz
DSG SL	Saarländisches Datenschutzgesetz
DS-GVO	Datenschutzgrundverordnung
DSUG LSA	Datenschutzrichtlinienumsetzungsgesetz Sachsen-Anhalt
EMRK	Europäische Konvention zum Schutz der Menschenrechte und Grundfreiheiten
EU	Europäische Union
f.	folgende
ff.	fortfolgende
Fn.	Fußnote
FPPK	Forensische Psychiatrie, Psychologie, Kriminologie
FS	Festschrift; Forum Strafvollzug
GA	Goltdammer's Archiv für Strafrecht
GBl.	Gesetzblatt
GesR	GesundheitsRecht
GG	Grundgesetz

GRCh	Charta der Grundrechte der Europäischen Union
GS	Gedächtnisschrift
GVBl.	Gesetz- und Verordnungsblatt
GVBl. LSA	Gesetz- und Verordnungsblatt für das Land Sachsen-Anhalt
GV. NRW	Gesetz- und Verordnungsblatt für das Land Nordrhein-Westfalen
GVOBl.	Gesetz- und Verordnungsblatt
GVOBl. M-V	Gesetz- und Verordnungsblatt für Mecklenburg-Vorpommern
HDSIG	Hessisches Datenschutz- und Informationsfreiheitsgesetz
Hess.	Hessen
HessMVollzG	Hessisches Gesetz über den Vollzug von Maßregeln der Besserung und Sicherung in einem psychiatrischen Krankenhaus und in einer Entziehungsanstalt
Hmb.	Hamburg
HmbGVBl.	Hamburgisches Gesetz- und Verordnungsblatt
HmbMVollzG	Gesetz über den Vollzug von Maßregeln der Besserung und Sicherung in einem psychiatrischen Krankenhaus oder einer Entziehungsanstalt (Hamburgisches Maßregelvollzugsgesetz)
HRRS	Onlinezeitschrift für Höchstrichterliche Rechtsprechung im Strafrecht
Hrsg.	Herausgeber/-in/-innen
Hs.	Hauptsatz
HStVollzG	Hessische Strafvollzugsgesetz
i. S. d.	im Sinne des
i. S. v.	im Sinne von
i. V. m.	in Verbindung mit
Jhg.	Jahrgang
JI-RiL	Richtlinie (EU) 2016/680 des Europäischen Parlaments und des Rates vom 27. April 2016 zum Schutz natürlicher Personen bei der Verarbeitung personenbezogener Daten durch die zuständigen Behörden zum Zwecke der Verhütung, Ermittlung, Aufdeckung oder Verfolgung von Straftaten oder der Strafvollstreckung sowie zum freien Datenverkehr und zur Aufhebung des Rahmenbeschlusses 2008/977/JI des Rates.
JR	Juristische Rundschau
JVEG	Gesetz über die Vergütung von Sachverständigen, Dolmetscherinnen, Dolmetschern, Übersetzerinnen und Übersetzern sowie die Entschädigung von ehrenamtlichen Richterinnen, ehrenamtlichen Richtern, Zeuginnen, Zeugen und Dritten
JVollzDSG	Justizvollzugsdatenschutzgesetz
JVollzGB	Justizvollzugsgesetzbuch
Kap.	Kapitel

KK-StPO	Karlsruher Kommentar zur Strafprozessordnung
LDSG	Landesdatenschutzgesetz
LG	Landgericht
lit.	littera (Buchstabe)
LKHG BW	Landeskrankenhausgesetz Baden-Württemberg
LK-StGB	Leipziger Kommentar Strafgesetzbuch
LNNVB	Laubenthal/Nestler/Neubacher/Verrel/Baier Strafvollzugsgesetze
LSA	Land Sachsen-Anhalt
LT	Landtag
MBO-Ä	Musterberufsordnung für die in Deutschland tätigen Ärztinnen und Ärzte
MedR	Medizinrecht
medstra	Zeitschrift für Medizinstrafrecht
MRVG SL	Gesetz über den Vollzug von Maßregeln der Besserung und Sicherung in einem psychiatrischen Krankenhaus und einer Entziehungsanstalt Saarland (Maßregelvollzugsgesetz Saarland)
MRV-Recht	Maßregelvollzugsrecht (Kommentar)
MschrKrim	Monatsschrift für Kriminologie und Strafrechtsreform
MüKoStGB	Münchener Kommentar zum Strafgesetzbuch
MüKoStPO	Münchener Kommentar zur Strafprozessordnung
M-V	Mecklenburg-Vorpommern
MVollzG LSA	Maßregelvollzugsgesetz Sachsen-Anhalt
MVollzG RP	Landesgesetz über den Vollzug freiheitsentziehender Maßregeln Rheinland-Pfalz (Maßregelvollzugsgesetz Rheinland-Pfalz)
MVollzG SH	Maßregelvollzugsgesetz Schleswig-Holstein
m. w. N.	mit weiteren Nachweisen
Nds.	Niedersachsen
NDSG	Niedersächsisches Datenschutzgesetz
Nds. GVBl.	Niedersächsisches Gesetz- und Verordnungsblatt
Nds. MVollzG	Niedersächsisches Maßregelvollzugsgesetz
n. F.	neue Fassung
NJW	Neue Juristische Woche
NK-MedizinStR	NomosKommentar Medizinstrafrecht
NK-StGB	NomosKommentar Strafgesetzbuch
NK-StPO	NomosKommentar Strafprozessordnung
Nr./Nrn.	Nummer/Nummern
NRW	Nordrhein-Westfalen
NStZ	Neue Zeitschrift für Strafrecht
NStZ-RR	Neue Zeitschrift für Strafrecht – Rechtsprechungs-Report
NVwZ	Neue Zeitschrift für Verwaltungsrecht
OLG	Oberlandesgericht
PsychKG	Psychischkrankengesetz

PsychKG Bln	Gesetz über Hilfen und Schutzmaßnahmen bei psychischen Krankheiten Berlin
PsychKG M-V	Gesetz über Hilfen und Schutzmaßnahmen für Menschen mit psychischen Krankheiten Mecklenburg-Vorpommern (Psychischkrankengesetz Mecklenburg-Vorpommern)
PsychKHG BW	Gesetz über Hilfen und Schutzmaßnahmen bei psychischen Krankheiten Baden-Württemberg
RGSt	Reichsgericht in Strafsachen
Rn.	Randnummer/n
RP	Rheinland-Pfalz
Rspr.	Rechtsprechung
R & P	Rechts & Psychiatrie
S.	Seite; Satz
SächsGVBl.	Sächsisches Gesetz- und Verordnungsblatt
SächsJVollzDSG	Sächsisches Justizvollzugsdatenschutzgesetz
SächsPsychKHG	Sächsisches Psychisch-Kranken-Hilfe-Gesetz
SH	Schleswig-Holstein
SK-StGB	Systematischer Kommentar zum Strafgesetzbuch
SL	Saarland
sog.	sogenannt
StatBA	Statistisches Bundesamt
StGB	Strafgesetzbuch
StPO	Strafprozessordnung
StrUG NRW	Gesetz zur Durchführung strafrechtsbezogener Unterbringungen in einem psychiatrischen Krankenhaus und einer Entziehungsanstalt in Nordrhein-Westfalen (Strafrechtsbezogenes Unterbringungsgesetz Nordrhein-Westfalen)
StV	Strafverteidiger
StVollzG	Strafvollzugsgesetz
Tab.	Tabelle
Thür	Thüringen
ThürDSG	Thüringer Datenschutzgesetz
ThürMRVG	Thüringer Maßregelvollzugsgesetz
TK-StGB	Tübinger Kommentar Strafgesetzbuch
TVöD	Tarifvertrag für den Öffentlichen Dienst
u. a.	und andere; unter anderem/n
Var.	Variante
vgl.	vergleiche
ZD	Zeitschrift für Datenschutz
ZRP	Zeitschrift für Rechtspolitik
Z. Sexualforsch	Zeitschrift für Sexualforschung
ZStW	Zeitschrift für die gesamte Strafrechtswissenschaft

Kapitel 1: Einführung

Bezugstherapeuten[1] im Vollzug der Maßregel der Unterbringung in einem psychiatrischen Krankenhaus werden unterschiedliche Funktionen zugewiesen: Sie sind therapeutische Behandler, sodass man von ihnen eine maßgebliche Beteiligung an der Erreichung des Vollzugsziels, der Heilung und Besserung des Täters, erwartet. Die Minderung der krankheitsbedingten Gefährlichkeit der Insassen – und damit auch der Eintritt der Entlassungsvoraussetzungen – sollen unter anderem durch ihre therapeutischen Interventionen so früh wie möglich erreicht werden. Dass der Maßregelvollzug eine solche freiheitsorientierte und therapiegerichtete Ausrichtung aufweisen muss, ergibt sich aus seinem schwerwiegenden und potenziell unbefristeten Eingriffsgewicht, mit dem er den Betroffenen ein „Sonderopfer“[2] im Interesse der Allgemeinheit abverlangt.[3]

Zu den Grundbedingungen einer funktionierenden Therapie zählt die Verschwiegenheit der Behandler, auf die sich die behandelten Personen verlassen können.[4] Zugleich haben die Therapieinhalte, die Gegenstand dieser therapienotwendigen Vertraulichkeit sind, eine hohe vollstreckungsrechtliche Relevanz. Denn dem Fallwissen der Bezugstherapeuten kommt – und dies ist für deren behandlerische Rolle geradezu dysfunktional – im Rahmen der regelmäßigen Nicht-/Fortdauerentscheidungen der Vollstreckungsgerichte eine entscheidende Bedeutung zu.

[1] Um die jeweiligen Normtexte nicht zu verändern sowie eine leichtere Lesbarkeit zu gewährleisten, wird in diesem Beitrag das generische Maskulinum verwendet. Gemeint sind jedoch alle Geschlechter. Die Bezeichnungen Bezugstherapeut und Behandelnde werden hier synonym gebraucht. Gemeint sind diejenigen Personen, die die untergebrachte Person therapeutisch behandeln, unabhängig davon, ob es sich im konkreten Fall um einen Arzt, einen Psychologen oder einen Sozialpädagogen handelt.

[2] Siehe hierzu ausführlicher Kap. 3 Fn. 16.

[3] Vgl. BVerfG NJW 2012, 1784, 1786; MRV-Recht/*Pollähne* Rn. B 35.

[4] Siehe stellvertretend *Ofterdinger*, Vom Reden und Schweigen des Anstaltsarztes, S. 28 ff. sowie *Adt* R & P 1998, 72.

K. Neßeler, *Gutachterliche Stellungnahmen in der Maßregelvollstreckung (§ 63 StGB)*, MedR Schriftenreihe Medizinrecht,
https://doi.org/10.1007/978-3-662-73984-6_1

Bezugstherapeuten erstatten im Rahmen gutachterlicher Stellungsnahmen dem Vollstreckungsgericht Bericht über die Entwicklung des Patienten in der Unterbringung und empfehlen eine Fortdauer oder Entlassung, wodurch sie wesentlichen Einfluss auf die Dauer des Freiheitsentzugs haben.[5]

Dieses Spannungsverhältnis muss austariert werden – was in einem Verfassungsstaat auf legislatorischer Grundlage zu erfolgen hat. Derzeit besteht allerdings (trotz gesetzlicher Regelungen zu Schweigepflicht, Aussage- und Gutachtenverweigerungsrechten[6] sowie Bestimmungen zur Vollstreckung der Unterbringung in einem psychiatrischen Krankenhaus[7]) verbreitet Unklarheit über den zulässigen Inhalt gutachterlicher Stellungnahmen von Bezugstherapeuten gegenüber dem Vollstreckungsgericht. Was hier preisgegeben werden darf und was nicht, ist daher – hierauf wurde schon vor fast 40 Jahren hingewiesen – ungeklärt:[8]

Auf der einen Seite nehmen die Akteure in den Staatsanwaltschaften, den Gerichten und den Maßregelvollzugsanstalten an, dass die Schweigepflicht im hier interessierenden Kontext kein relevantes Hindernis darstelle, weil ihr das „staatliche Interesse an einer Aufklärung des Sachverhalts vorgeht".[9] Eine Bestätigung erfährt diese Sichtweise (scheinbar) auch dadurch, dass die Gefahr für Behandelnde wegen einer Verletzung der Schweigepflicht verurteilt zu werden, sehr gering ist.[10] In der Praxis enthalten Stellungnahmen daher oft auch als intim zu wertende Einzelheiten therapeutischer Gespräche bis hin zu einer zusammenfassenden Anamnese betreffend Biografie, psychiatrischer Befunde sowie Sucht- und Sexualverhalten der

---

[5] Siehe hierzu Kap. 2 B.

[6] Insbesondere § 203 StGB und §§ 53, 53a, 76 StPO. Standesrechtlich ist die ärztliche Schweigepflicht in den jeweiligen Berufsordnungen der Länder geregelt. Zur Vereinheitlichung der landesrechtlichen Vorschriften in den einzelnen Kammerbezirken erließ die Bundesärztekammer eine Musterberufsordnung für die in Deutschland tätigen Ärztinnen und Ärzte – MBO-Ä 1997 –, in deren § 9 die ärztliche Schweigepflicht geregelt ist. Anders als die einzelnen Berufsordnungen der Länder, die als Satzungen einzustufen sind, hat die MBO-Ä selbst keinen rechtsverbindlichen Charakter (vgl. Laufs/Kern/Rehborn ArztR-Hdb/*Kern/Rehborn* § 5 Rn. 14, § 15 Rn. 9 sowie ausführlich *Ofterdinger*, Vom Reden und Schweigen des Anstaltsarztes, S. 33 ff. sowie 100 ff.). Zudem sind die beamtenrechtlichen Regelungen zur Verschwiegenheit (§ 37 BeamStG, § 67 BBG; für Angestellte im öffentlichen Dienst: § 3 Abs. 1 TVöD) bzw. bei angestellten Ärzten die sich aus dem Dienstvertrag ergebende Verschwiegenheitspflicht zu beachten, die die Genehmigung einer Aussage durch den Dienstvorgesetzten vorsehen. § 54 StPO überträgt für Angehörige des öffentlichen Dienstes die dienstrechtliche Verschwiegenheitspflicht in das Strafverfahren. Soweit die Pflicht zur Verschwiegenheit reicht, sind Zeugen von ihrer Aussagepflicht nach § 48 Abs. 1 S. 2 StPO befreit; es gilt ein Vernehmungsverbot, das erst entfällt, wenn eine Aussagegenehmigung erteilt wird (vgl. MüKoStPO/*Kreicker* § 54 Rn. 1).

[7] Insbesondere § 463 StPO.

[8] Siehe *Pollähne/Schäfer-Eikermann* R & P 1988, 2, 5 Fn. 34.

[9] *Geyer* u. a. NStZ 2017 185, 191; *Feil* R & P 2012, 191.

[10] Im Jahr 2021 kam es zu zehn Verurteilungen nach allgemeinem Strafrecht wegen Verletzung von Privatgeheimnissen – vgl. StatBA, Fachserie 10, Reihe 3 2021, Tab. 2.3. Dies dürfte durch die Ausgestaltung des § 203 StGB als absolutes Antragsdelikt (§ 205 StGB) und reiner Vorsatztatbestand begünstigt werden. Siehe zur geringen Bedeutung im Justizalltag auch Laufs/Kern/Rehborn ArztR-Hdb/*Ulsenheimer* § 155 Rn. 3; *Fischer* medstra 2017 321, 322; *Pfäfflin* in Pollähne/Rode (Hrsg.), Schweigepflicht und Datenschutz, 2010, S. 39, 46.

untergebrachten Person.[11] Viele Gerichte legen die abgegebenen Stellungnahmen ihren Entscheidungen ohne Weiteres zugrunde.[12] Allerdings ist diese Praxis nicht unwidersprochen geblieben. Nicht wenige Stimmen betonen ein übergeordnetes Interesse an der Wahrung der ärztlichen Schweigepflicht,[13] weshalb sie sich für einen grundsätzlichen Geheimnisschutz i. S. v. § 203 StGB auch im Maßregelvollzug aussprechen.[14]

Ein Grund für die bestehende Unklarheit über die Reichweite der bezugstherapeutischen Schweigepflicht gegenüber dem Vollstreckungsgericht liegt in der Undurchsichtigkeit und Unvollständigkeit der rechtlichen Grundlagen. Maßgeblich sind dabei nicht nur die bereits erwähnten straf- und strafprozessrechtlichen Bestimmungen über „Schweigen müssen" und „Schweigen dürfen", sondern auch die (bereichsspezifischen) datenschutzrechtlichen Vorschriften der einzelnen Bundesländer. Da diese von Land zu Land variieren und auch nicht immer eindeutig sind, ist die Rechtslage schwer zu durchschauen. Dass diese rechtliche Diffusität in der Praxis weitgehend hingenommen wird, verwundert in mehrfacher Hinsicht. Immerhin geht es hier nicht allein um eine etwaige Strafbarkeit des therapeutischen Personals nach § 203 StGB, sondern auch um die Frage, wie weit in verschiedene Grundrechte der untergebrachten Person eingegriffen und die Vertrauensbeziehung zwischen dem Therapeuten und der untergebrachten Person als Grundbedingung einer funktionierenden Therapie zur Disposition gestellt werden kann. Es stehen also sehr grundsätzliche Probleme und Weichenstellungen zur Debatte.

Vor diesem Hintergrund will die folgende Untersuchung mehr Licht ins Dunkel der Rechtslage bringen. Sie will die rechtlichen Regelungen, die zur Reichweite der bezugstherapeutischen Schweigepflicht im Falle der Abgabe gutachterlicher Stellungnahmen an das Vollstreckungsgericht vorliegen, zusammenstellen und systematisch aufbereiten, sodass für das Vorgehen in der Praxis ein Orientierungsgerüst sichtbar wird.

[11] Empirische Befunde hierzu bei *Kunz*, Die Unterbringung in einem psychiatrischen Krankenhaus gemäß § 63 StGB, S. 292 ff.: Enthalten sind Darstellungen zum früheren Behandlungsverlauf, zur Entwicklung im aktuellen Berichtszeitraum bezogen auf Diagnose, Behandlung, Lockerungen und deliktsrelevanten Verhaltensweisen sowie zur Prognose und eine abschließende Empfehlung. Dazu, dass Kliniken ihrer Berichtspflicht dagegen teilweise nur eingeschränkt nachkommen, *Kröber* FPPK 2016, 80, 81 f.

[12] Vgl. *Geyer* u. a. NStZ 2017, 185, 191.

[13] So bspw. *Waider* R & P 2006, 65, 73; *Adt* R & P 1998, 72 ff.; MRV-Recht/*Oelbermann* Rn. K 78.

[14] So bspw. *Volckart/Grünebaum*, Maßregelvollzug, S. 260 f.; KK-StPO/*Appl* § 463 Rn. 4b; *Makepeace* JR 2025, 632, 634; auch das BVerfG formuliert zu § 463 Abs. 3 S. 1 i. V. m. § 454 Abs. 1 S. 2 StPO a. F.: „grundsätzlich [ist] davon auszugehen […], dass im Rahmen der Anhörung der Maßregelvollzugseinrichtung […] die ärztliche Schweigepflicht zu beachten ist" (medstra 2015, 292), obwohl das Gericht die Frage, ob und inwieweit die ärztliche Schweigepflicht im Maßregelvollzug auch gegenüber den Vollstreckungsgerichten besteht, ausdrücklich offenlassen möchte.

Teil I: Gutachterliche Stellungnahmen – (Verfassungs-)Rechtliche Grundlagen und Praxis

Kapitel 2: Die gutachterliche Stellungnahme und deren Bedeutung in der Praxis

A. Das normative Regelungsgefüge

Die Unterbringung in einem psychiatrischen Krankenhaus wird im Urteil zeitlich unbeschränkt angeordnet. Damit deren Vollstreckung und Vollzug nur so lange andauert, wie es unbedingt zu ihrem Zweck – dem Schutz der Allgemeinheit – notwendig ist, hat das Vollstreckungsgericht zumindest jeweils nach einem Jahr vollzogener Unterbringung[1] zu überprüfen, ob die weitere Vollstreckung der Unterbringung durch Aussetzung zur Bewährung oder Erledigterklärung zu beenden ist (§§ 67d Abs. 2 und 6, 67e StGB). Zuständig ist nach §§ 463 Abs. 1, 462a Abs. 1 StPO die Strafvollstreckungskammer des Landgerichts, in dessen Bezirk die Maßregelvollzugseinrichtung liegt, in die die untergebrachte Person aufgenommen ist.[2] In der Praxis erfolgt zunächst die Aufforderung der Staatsanwaltschaft gegenüber der Maßregelvollzugseinrichtung, eine Stellungnahme abzugeben, die anschließend zu den Akten genommen und gemeinsam mit diesen und einem entsprechenden Antrag dem Vollstreckungsgericht vorgelegt wird.[3] Bei der Entscheidung unterliegt das Gericht dem „Gebot bestmöglicher Sachaufklärung" als Ausfluss der freiheitssichernden Funktion des Art. 2 Abs. 2 S. 2 GG.[4] Es muss sicherstellen, dass die Fortdauer- oder Aussetzungsentscheidung in tatsächlicher Hinsicht eine genügende

[1] Zur Fristberechnung siehe *Volckart/Grünebaum*, Maßregelvollzug, S. 333.

[2] Vgl. Radtke/Hohmann/*Baier*, StPO, § 463 Rn. 2.

[3] Vgl. MRV-Recht/*Trenckmann* Rn. L 146; *Müller-Isberner* u. a. in Praxishandbuch Maßregelvollzug, S. 39, 44. Zur internen Praxis der Klinik für gerichtliche Psychiatrie Haina, die in vielen Institutionen so erfolgen dürfte, *Gretenkord* in Wagner/Werdenich (Hrsg.), Forensische Psychotherapie, 1998, S. 68, 74 f.

[4] Siehe hierzu die Leitentscheidung des BVerfG aus dem Jahr 1985 BVerfGE 70, 297 sowie aus jüngerer Zeit BVerfG BeckRS 2020, 25910 Rn. 39 ff.; siehe auch Dürig/Herzog/Scholz/*Mehde* GG Art. 104 Rn. 133.

K. Neßeler, *Gutachterliche Stellungnahmen in der Maßregelvollstreckung (§ 63 StGB)*, MedR Schriftenreihe Medizinrecht,
https://doi.org/10.1007/978-3-662-73984-6_2

Grundlage hat, die der Bedeutung der Freiheitsgarantie entspricht.[5] Das einfache Recht trägt dieser verfahrensrechtlichen Bedeutung des Freiheitsgrundrechts maßgeblich in § 463 Abs. 4 StPO Rechnung. Danach hat das Gericht zur Vorbereitung seiner Entscheidung eine gutachterliche Stellungnahme der Maßregelvollzugseinrichtung einzuholen (§ 463 Abs. 4 S. 1 StPO);[6] im Abstand von (höchstens) drei Jahren, nach sechs Jahren vollzogener Unterbringung im Abstand von zwei Jahren, sind der Entscheidung in der Regel darüber hinaus auch externe Sachverständigengutachten zugrunde zu legen (§ 463 Abs. 4 S. 2 StPO).[7] Eine weitere Ausprägung des Grundsatzes bestmöglicher Sachaufklärung stellt die zwingende Anhörung der untergebrachten Person durch die Strafvollstreckungskammer dar (§§ 463 Abs. 3 S. 1, 454 Abs. 1 S. 2, 3 StPO i. V. m. § 67d Abs. 2 StGB), die teilweise sogar als „Kernstück" des Überprüfungsverfahrens bezeichnet wird.[8]

B. Die Bedeutung der gutachterlichen Stellungnahme in der Praxis

In der Praxis ist aber nicht die Anhörung des Betroffenen die maßgebliche Grundlage der Prognoseentscheidung des Gerichts,[9] sondern ausschlaggebend ist außerhalb der Turnusse des § 463 Abs. 4 S. 2 StPO die gutachterliche Stellungnahme der

[5] Siehe BVerfGE 70, 297, 308; BVerfG BeckRS 2015, 42143.

[6] Eingeführt durch das Gesetz zur Novellierung des Rechts der Unterbringung in einem psychiatrischen Krankenhaus gemäß § 63 StGB vom 08.07.2016, BGBl. 2016 I, 1610. Letztlich handelte es sich hierbei eher um eine Klarstellung, da bereits zuvor die Einholung einer Stellungnahme der Maßregelvollzugseinrichtung gängige Praxis war. Gestützt wurde die Aufforderung des Gerichts zur Abgabe einer Stellungnahme auf § 67e StGB, § 463 Abs. 3 i. V. m. § 454 Abs. 1 S. 2 StPO, die nach wie vor die Anhörung der Maßregelvollzugseinrichtung jedenfalls im Falle des § 67d Abs. 2 StGB vorsehen (siehe *Waider* in Pollähne/Rode (Hrsg.), Schweigepflicht und Datenschutz, 2010, S. 99, 115).

[7] Der Rhythmus, mit dem externe Sachverständige hinzugezogen wurden, variierte in der Vergangenheit und war weniger eng. Nach der Vorgängerregelung des § 463 Abs. 4 S. 1 StPO a. F. betrug dieser jeweils fünf Jahre. Zur Praxis in den 70er-Jahren, in der eine externe Begutachtung nur in Ausnahmefällen stattfand, siehe *Albrecht* MschrKrim 1978, 104, 122; *Venzlaff* in Blau/Kammeier (Hrsg.), Straftäter in der Psychiatrie, S. 96, 100.

[8] *Bringewat*, Strafvollstreckung, 1993, § 454 StPO Rn. 30. So auch die gesetzgeberische Intention, vgl. BT-Drs. 7/550, S. 309. Auch das BVerfG schreibt der Anhörung maßgebliche Bedeutung zu BVerfG NJW 1993, 2301, 2303 f.

[9] Siehe hierzu sowie dazu, dass die Anhörungspraxis regional stark variiert, die Untersuchungsergebnisse von *Kunz*, Die Unterbringung in einem psychiatrischen Krankenhaus gemäß § 63 StGB, S. 241 ff., 334 sowie S. 226 ff. In der Untersuchung wurden in zwei Landgerichtsbezirken (Heidelberg und Berlin) insgesamt 119 Anhörungstermine (in Heidelberg 90 und in Berlin 29) vor der Strafvollstreckungskammer beobachtet; zudem wurden Strafakten in insgesamt 112 der jeweiligen Verfahren ausgewertet (Heidelberg: 88, Berlin: 24).

Maßregelvollzugseinrichtung;[10] und dies seit Jahrzehnten.[11] Die Stellungnahme wird in der Regel durch den behandelnden Therapeuten verfasst und zusätzlich vom zuständigen Oberarzt sowie der Leitung der Maßregelvollzugseinrichtung unterzeichnet.[12] Liegt eine Empfehlung der Einrichtung vor, folgen die Anträge der Staatsanwaltschaften und die Entscheidungen der Gerichte deren Votum,[13] teilweise ohne diese mit Blick auf Plausibilität, Qualität und Vollständigkeit zu würdigen.[14] In der Untersuchung von *Kunz* folgte das Vollstreckungsgericht in 99,1 % der Fällen (106 von n = 107) der Empfehlung der gutachterlichen Stellungnahme oder dem Gutachten bzw. beidem, wobei in 87 % dieser Verfahren nur eine gutachterliche Stellungnahme der Maßregelvollzugseinrichtung vorlag (n = 92).[15] Nur in einem der untersuchten 107 Fälle, in dem auch eine externe Begutachtung erfolgte, wurde im Anhörungstermin im Einvernehmen mit dem anwesenden Gutachter und dem anwesenden Behandler eine abweichende Entscheidung getroffen (Bewährungsentlassung anstatt Fortdauer).[16] In den Nicht-/Fortdauerbeschlüssen der Vollstreckungsgerichte nimmt in der Regel das wörtliche Referieren der gutachterlichen Stellungnahmen den größten Raum ein.[17] Entsprechend werden an den Inhalt der Stellung-

---

[10] Vgl. MRV-Recht/*Trenckmann* Rn. L 146; *Geyer* u. a. NStZ 2017, 185; *Müller-Isberner* u. a. in Praxishandbuch Maßregelvollzug, S. 39, 44; *Kunz*, Die Unterbringung in einem psychiatrischen Krankenhaus gemäß § 63 StGB, S. 72, 300 (mit Kritik bezogen auf einen nicht selten vorkommenden Diagnosewechsel). Regional unterschiedlich wird die Möglichkeit gehandhabt, zusätzlich Bezugstherapeuten anzuhören, siehe *Kunz*, Die Unterbringung in einem psychiatrischen Krankenhaus gemäß § 63 StGB, S. 306 ff.

[11] Siehe schon die Ausführungen bei *Albrecht* MschrKrim 1978, 104, 122.

[12] Vgl. MRV-Recht/*Trenckmann* Rn. L 151; *Kunz*, Die Unterbringung in einem psychiatrischen Krankenhaus gemäß § 63 StGB, S. 72 m. w. N. Zur Frage der Offenbarung von nach § 203 StGB geschützten Geheimnissen gegenüber der Klinikleitung siehe unten unter Kap. 7 B. III. 2.

[13] Siehe die Untersuchungsergebnisse bei *Kunz*, Die Unterbringung in einem psychiatrischen Krankenhaus gemäß § 63 StGB, S. 314 (Anträge der Staatsanwaltschaften) und S. 343 ff. (Beschlüsse der Vollstreckungsgerichte). Zu ähnlichen Ergebnissen schon für die Jahre 1975/1976 *Albrecht* MschrKrim 1978, 104, 122. Untersuchungen zu richterlichen Strafrestaussetzungsentscheidungen ergaben ähnliche Ergebnisse für die Übereinstimmung mit Stellungnahmen der Vollzugsanstalten: 90 % bei positiven Empfehlungen (bei ablehnenden etwas geringer; *Böhm/Erhard* MschrKrim 1984, 365, 372); 79 % (*Aufsattler* u. a. MschrKrim 1982, 305 ff.). So auch bei gerichtlichen Entscheidungen und Schuldfähigkeits- und Prognosegutachten (jeweils ca. 95 %, *Fegert* u. a., Psychiatrische Begutachtung in Sexualstrafverfahren, S. 83 ff., 85 ff.; *Verrel*, Schuldfähigkeitsbegutachtung, S. 123 ff.; *Engelhardt*, Schuldfähigkeitsbegutachtung und Strafurteil, S. 167). Schon die Untersuchung von *Zwerenz* bezogen auf die Jahre 1957 bis 1974 zu Gutachten zur strafrechtlichen Verantwortlichkeit zeigte diese Tendenz (Das psychiatrische Gutachten vor Gericht, S. 98 ff.).

[14] Siehe *Kunz*, Die Unterbringung in einem psychiatrischen Krankenhaus gemäß § 63 StGB, S. 334. Zur Bezeichnung der Sachverständigen als „Richter in Weiss" *Bernhard* in Heer u. a. (Hrsg.), Forum Justiz & Psychiatrie, S. 49, 50 m. w. N.

[15] Siehe *Kunz*, Die Unterbringung in einem psychiatrischen Krankenhaus gemäß § 63 StGB, S. 344. Zur Studie siehe Kap. 2 Fn. 9.

[16] Siehe *Kunz*, Die Unterbringung in einem psychiatrischen Krankenhaus gemäß § 63 StGB, S. 344.

[17] Siehe *Kunz*, Die Unterbringung in einem psychiatrischen Krankenhaus gemäß § 63 StGB, S. 333.

nahmen zum Teil weitreichende Anforderungen gestellt,[18] wobei für die Prüfung der Beendigungstatbestände durch die Strafvollstreckungskammer insbesondere der aktuellen psychiatrischen Einschätzung und der prognostizierten Rückfälligkeit[19] zentrale Bedeutung zukommt.[20] Hierfür sollen nach der Gesetzesbegründung zwar keine Informationen aus der unmittelbaren Vertrauensbeziehung erforderlich sein,[21] doch muss die Stellungnahme so detailliert sein, dass sie eine eigenverantwortliche prognostische Beurteilung durch das Gericht möglich macht.[22] Empirische Kenntnisse zur Wirklichkeit der Stellungnahmen der Maßregelvollzugseinrichtungen gibt es kaum.[23] Nach der Untersuchung von *Kunz*[24] liegen zwar in der weit überwiegenden Zahl der Verfahren jährlich gutachterliche Stellungnahmen von Maßregelvollzugseinrichtungen vor.[25] Allerdings wird darin die aus Sicht des Gerichts zentrale Frage der erwartbaren Rückfälligkeit zum Teil nur sehr vage abgehandelt.[26]

---

[18] Siehe schon bei *Rittmann* in Blau/Kammeier (Hrsg.), Straftäter in der Psychiatrie, S. 162, 171 ff.: „umfassendes Bild über die Persönlichkeitsstruktur des Patienten, den Fortschritt der Heilung und die Zukunftsaussichten". Das Bedürfnis nach einer umfassenden Weitergabe aller relevanten Informationen formulieren *Müller-Isberner* u. a. in Praxishandbuch Maßregelvollzug, S. 31 ff. Siehe zu den seitens des Gesetzgebers formulierten, weitreichenden Anforderungen an den Inhalt gutachterlicher Stellungnahmen BT-Drs. 18/7244, S. 36 f. Nach den interdisziplinär erarbeiteten sogenannten *Sankelmarker*-Thesen (*Beier/Hinrichs* in dies. (Hrsg.), Psychotherapie mit Straffälligen, S. 158, 163; siehe auch die Darstellung bei *dens.* MschrKrim 1996, 25 ff.), die eine Orientierungshilfe für die Praxis bieten sollen, ist eine Offenbarung derjenigen Tatsachen, die im Behandlungs- und Eingliederungsplan dokumentiert sind, zulässig und in aller Regel ausreichend. Aber auch Tatsachen aus der therapeutischen Beziehung, insbesondere im Falle der Kombination von ärztlicher Behandlung und pädagogisch-sozialtherapeutischen Maßnahmen, können danach mitgeteilt werden.

[19] Vgl. BT-Drs. 18/7244, S. 36 f.; MRV-Recht/*Trenckmann* Rn. L 146 ff.

[20] Siehe BVerfG BeckRS 2015, 42143 sowie die nicht bindenden „Standards" einer interdisziplinären Arbeitsgruppe, die als Hilfestellung für Maßregelvollzugseinrichtungen fungieren soll, *Geyer* u. a. NStZ 2017, 185, 192.

[21] Siehe BT-Drs. 18/7244, S. 36 f.

[22] Vgl. BVerfG NJW 2013, 3228.

[23] Siehe aber die Untersuchung von *Kunz*, Die Unterbringung in einem psychiatrischen Krankenhaus gemäß § 63 StGB, S. 291 ff.

[24] Siehe hierzu Kap. 2 Fn. 9.

[25] Vgl. *Kunz*, Die Unterbringung in einem psychiatrischen Krankenhaus gemäß § 63 StGB, S. 292: In 80 % der untersuchten Unterbringungsverfahren (84 von n = 105) lagen jährliche gutachterliche Stellungnahmen vor.

[26] Siehe *Kunz*, Die Unterbringung in einem psychiatrischen Krankenhaus gemäß § 63 StGB, S. 294 f.: In etwa einem Drittel der Stellungnahmen waren die Darstellungen zur Wahrscheinlichkeit der Begehung weiterer Taten unkonkret (S. 301). Bezogen auf die Beschreibung der zu erwartenden Taten waren es 73,5 % Fälle, die als floskelhaft und unkonkret bewertet wurden.

Kapitel 3: Verfassungsrechtliche Problematik und Zielkonflikt

A. Das verfassungsrechtliche Spannungsverhältnis bei der Abgabe gutachterlicher Stellungnahmen

Dadurch, dass gutachterliche Stellungnahmen zu vielen Prüfzeitpunkten die ausschlaggebende Beurteilungsgrundlage für das Vollstreckungsgericht darstellen, sind sie wesentlich für die Nicht-/Aussetzungsentscheidung und das Schicksal der untergebrachten Personen. Darin ist ein strukturelles Problem zu sehen, da das Gesetz den Stellungnahmen der Maßregelvollzugseinrichtung das Potenzial von Objektivität zutraut, ohne zu problematisieren, inwiefern dies von Bezugstherapeuten als Beteiligten an der Behandlungsbeziehung überhaupt erwartet werden kann und vor dem Hintergrund des Art. 12 GG darf.[1] Dieser Beitrag ist aber – wie angekündigt – einem anderen Problem gewidmet. Hierfür relevant ist, dass bei der Abgabe gutachterlicher Stellungnahmen das im Freiheitsgrundrecht verankerte Gebot bestmöglicher Sachaufklärung in ein Spannungsverhältnis mit weiteren Grundrechten der untergebrachten Person tritt, die die Wurzeln der ärztlichen Schweigepflicht bilden.[2] Denn nach dem BVerfG fordern die Würde des Menschen aus Art. 1 Abs. 1 GG und sein Recht auf freie Entfaltung der Persönlichkeit aus Art. 2 Abs. 1 GG die Respektierung der Privat- und Intimsphäre: „Wer sich in ärztliche Behandlung begibt, muss und darf erwarten, dass alles, was der Arzt im Rahmen seiner Berufsausübung über seine gesundheitliche Verfassung erfährt, geheim bleibt und nicht zur Kenntnis Unberufener gelangt. Nur so kann zwischen Patient und Arzt jenes Vertrauen entstehen, das zu den Grundvoraussetzungen ärztlichen Wirkens zählt, weil es die Chan-

[1] Zur Ungeeignetheit von Therapeuten im Strafvollzug für die Prognosestellung *Böllinger* Z. Sexualforsch 1999, 140, 149; zum Schutz der Berufsausübungsfreiheit von Therapeuten im Zusammenhang mit § 182 Abs. 2 S. 2 StVollzG *Böllinger* Z. Sexualforsch 1999, 140, 148.

[2] Vgl. Laufs/Kern/Rehborn ArztR-Hdb/*Ulsenheimer* § 155 Rn. 3.

K. Neßeler, *Gutachterliche Stellungnahmen in der Maßregelvollstreckung (§ 63 StGB)*, MedR Schriftenreihe Medizinrecht,
https://doi.org/10.1007/978-3-662-73984-6_3

cen der Heilung vergrößert und damit – im Ganzen gesehen – der Aufrechterhaltung einer leistungsfähigen Gesundheitsfürsorge dient".[3]

Je nach Inhalt der gutachterlichen Stellungnahme können dabei unter Umständen aber auch Aspekte erfasst sein, die dem aus der Menschenwürde abgeleiteten Kernbereich privater Lebensgestaltung zuzuordnen sind, mit der Folge, dass staatliche Eingriffe stets unzulässig sind.[4] Unter den Kernbereichsschutz fällt insbesondere die nichtöffentliche Kommunikation mit Personen des höchstpersönlichen Vertrauens (wie bspw. Ärzten),[5] die in der berechtigten Annahme geführt wird, nicht überwacht zu werden.[6] Inhaltlich geht es um die unverzichtbare Möglichkeit, „innere Vorgänge wie Empfindungen und Gefühle, Ansichten und Erlebnisse höchstpersönlicher Art" zum Ausdruck bringen zu können[7] – wobei letztlich eine Bestimmung nach den Umständen des Einzelfalls erfolgt.[8] Zwar verlässt eine Äußerung den absolut geschützten Kernbereich, wenn der Inhalt einen Eingriff in die Sphäre anderer Menschen bedeutet (sog. Sozialbezug), wie es bspw. bei einem unmittelbaren Bezug zu konkreten vergangenen oder künftigen Straftaten der Fall sein soll.[9] Dies soll aber wiederum dann nicht gelten, wenn dem Betroffenen gerade ein geschützter Raum für eine Auseinandersetzung mit seinem Fehlverhalten eingeräumt wird, wie bspw. bei Gesprächen mit Psychotherapeuten.[10] Die Grenzen des unantastbaren Kernbereichs sind zwar diffus, es erscheint aber naheliegend, dass bestimmte Inhalte therapeutischer Gespräche im Maßregelvollzug darunter zu subsumieren sind.[11]

Betroffen ist angesichts der Weitergabe bzw. Verarbeitung von personenbezogenen (und sensiblen) Daten auch das Grundrecht auf informationelle Selbstbestimmung als besondere Ausprägung des Allgemeinen Persönlichkeitsrechts

---

[3] BVerfG BeckRS 2006, 18039 Rn. 32; BVerfG NJW 1972, 1123, 1124. Empirische Hinweise zur Frage, ob Vertraulichkeit therapeutischer Gespräche die Erfolgschancen einer Behandlung im Maßregelvollzug im Sinne eines Erreichens der Entlassungsvoraussetzungen erhöht, gibt es kaum. Eine quasiexperimentelle Untersuchung von *Dahle* u. a. (Psychotherapie Psychosomatik Medizinische Psychologie 2003, 178 ff.) kommt zu dem Ergebnis, dass die Rückfallbelastung therapeutisch behandelter Straftäter erkennbar geringer war als die der unbehandelten Vergleichsgruppe aus dem Regelvollzug, wobei die Schweigepflicht strikt eingehalten wurde.

[4] Stellvertretend BVerfG NJW 1990, 563.

[5] Siehe BVerfG NJW 2004, 999, 1002.

[6] Vgl. Huber/Voßkuhle/*Eichberger*, GG, Art. 2 Rn. 167.

[7] BVerfG NJW 2004, 999, 1002.

[8] Stellvertretend BVerfG NJW 1990, 563.

[9] Vgl. BVerfG BeckRS 2018, 9554 Rn. 28 mit diesbezüglich kritischer Anmerkung von *Abraham* HRRS 2019, 101, 103 und m. w. N.

[10] Siehe BVerfG NJW 2016, 1781, 1786.

[11] Einfachgesetzlich aufgegriffen wird dies im vorliegenden Zusammenhang nur in Ausnahmefällen, bspw. mit dem in § 58 Abs. 1 S. 3 Hs. 2 HStVollzG enthaltenen Verarbeitungsverbot zum Schutz von Daten, die den Kernbereich privater Lebensgestaltung betreffen. Auf gutachterliche Stellungnahmen findet die Vorschrift allerdings keine Anwendung. Siehe unten unter Kap. 7 B. IV. 7. Hessen.

gem. Art. 2 Abs. 1 i. V. m. Art. 1 Abs. 1 GG.[12] Daraus folgt die „Befugnis des einzelnen, grundsätzlich selbst über die Preisgabe und Verwendung seiner persönlichen Daten zu bestimmen".[13]

Dies führt zu der konfliktgeladenen Situation, dass das Gericht auf der einen Seite zum Schutze des aus dem Freiheitsgrundrecht der untergebrachten Person abgeleiteten Gebots bestmöglicher Sachaufklärung auf eine ausreichende Tatsachengrundlage auch gegenüber der Maßregelvollzugseinrichtung hinwirken muss. Auf der anderen Seite darf die Maßregelvollzugseinrichtung nur gewisse Tatsachen preisgeben, um nicht gegen ihre Verschwiegenheitsverpflichtung zu verstoßen und möglicherweise nicht gerechtfertigte Eingriffe in die eben erwähnten Grundrechte der betroffenen Person zu vollziehen.

B. Gutachterliche Stellungnahmen versus Vollzugsziel der Unterbringung nach § 63 StGB

Zuletzt steht das Gebot bestmöglicher Sachaufklärung im Konflikt mit dem Vollzugsziel der Unterbringung nach § 63 StGB. Zwar liegt der Zweck der Anordnung der Unterbringung in einem psychiatrischen Krankenhaus nach § 63 StGB allein in der Sicherung der Allgemeinheit vor dem psychisch kranken Täter.[14] Das spezifische Ziel des Maßregelvollzugs ist aber die Heilung und Besserung des Täters.[15] Die Rechtfertigung des im Interesse der Allgemeinheit erbrachten „Sonderopfers"[16] erfordert dort, wo es möglich ist, mittels geeigneter Therapie die Gefährlichkeit, die

---

[12] Vgl. BVerfGE 65, 1. Siehe hierzu *Rixen* in Sachs, GG, Art. 2 Rn. 72 ff.; *Albers* in Pollähne/Rode (Hrsg.), Schweigepflicht und Datenschutz, 2010, S. 27 ff. Vgl. auch NK-MedizinStR/*Molnár-Gábor* § 203 Rn. 7. Weiteren Schutz erfahren personenbezogene Daten vor unberechtigter Verarbeitung durch Art. 8 GRCh und durch Art. 8 EMRK.

[13] BVerfG 65, 1, 43; NK-MedizinStR/*Molnár-Gábor* § 203 Rn. 9.

[14] Vgl. SK-StGB/*Sinn* § 63 StGB Rn. 2.

[15] § 136 StVollzG; auf Länderebene siehe exemplarisch Art. 2 Abs. 1 S. 2 Nr. 1 BayMRVG und § 33 Abs. 1 PsychKHG BW. Siehe *Müller-Dietz* NStZ 1983, 145 ff.; aus diesem Grund verhindern fehlende Heilungs- oder Besserungsaussichten auch nicht die Anordnung einer Unterbringung nach § 63 StGB, siehe BGH NStZ 1990, 122; StV 1995, 300; OLG Hamburg NJW 1995, 2424; *Kruis* StV 1998, 94; *Eisenberg* NStZ 2004, 240.

[16] Der Freiheitsentzug im Rahmen der Unterbringung in einem psychiatrischen Krankenhaus ist, anders als derjenige im Rahmen einer Freiheitsstrafe, nicht durch die in der Vergangenheit liegende Tat „verschuldet". Die Anordnung der Unterbringung beruht vielmehr darauf, dass die zu erwartenden Taten des Betroffenen so gravierend sind, dass sie einen „unverschuldeten Freiheitsentzug" rechtfertigen, weil das Interesse der Allgemeinheit an der Verbrechensverhütung schwerer wiege als das individuelle Freiheitsinteresse (MRV-Recht/*Pollähne* Rn. B 34). In dem unverschuldeten Freiheitsentzug wird vielfach ein „Sonderopfer" zum Schutze der Allgemeinheit gesehen (siehe (MRV-Recht/*Pollähne* Rn. B 34 m. w. N.; BVerfG NJW 2012, 1784, 1785; zur Sicherungsverwahrung BVerfG NJW 2011, 1931, 1937). Abgeleitet wird hieraus, der Vollzug müsse besonders freiheitsorientiert und therapiegerichtet sein (vgl. BVerfG NJW 2012, 1784, 1786; MRV-Recht/*Pollähne* Rn. B 35).

Folge der psychischen Störung ist, zu reduzieren, um so möglichst bald die Entlassungsvoraussetzungen zu erreichen.[17] Die Untergebrachten sind Patienten und keine Gefangenen im strafrechtlichen Sinne; ihnen kommt ein Behandlungsanspruch zu.[18] Eine zielführende Behandlung wird aber nur möglich sein, wenn der Untergebrachte auf die Verschwiegenheit des Arztes oder Therapeuten vertrauen kann, sowie darauf, dass Geheimnisse, die im Rahmen der Behandlung im Vertrauen preisgegeben wurden, bei existenziellen Vollstreckungs- und Vollzugsentscheidungen nicht zu seinem Nachteil verwendet werden dürfen, nur dann wird er sich ihm anvertrauen und so die Grundlage für eine erfolgreiche Therapie schaffen.[19]

Vor diesem Hintergrund stellt sich die Frage nach dem zulässigen Inhalt gutachterlicher Stellungnahmen und der Reichweite der bezugstherapeutischen Schweigepflicht. Das geschilderte Spannungsverhältnis wird zwar immer dann relevant, wenn die Inhalte einer medizinischen Behandlungsbeziehung von strafrechtlicher Bedeutung sind. Allerdings besitzt die hier diskutierte Konstellation aufgrund der vollstreckungsrechtlichen Regelmäßigkeiten (§§ 67d Abs. 2 und 6, 67e StGB, § 463 Abs. 4 S. 1 StPO) strukturellen Charakter. Gerade dieser strukturelle Charakter dürfte der Hintergrund für die eingangs geschilderte Praxis sein, die das Spannungsverhältnis zugunsten des staatlichen Aufklärungsinteresses auflöst. Ob dies im Einklang mit den einschlägigen gesetzlichen Bestimmungen steht, ist aber fraglich.

---

[17] Vgl. SK-StGB/*Sinn* § 63 StGB Rn. 15.

[18] Vgl. SK-StGB/*Sinn* § 63 StGB Rn. 15; *Böllinger* Z. Sexualforsch 1999, 140, 143; ferner LNNVB/*Laubenthal* Kap. Q Rn. 5; Arloth/Krä/*Arloth* § 136 Rn. 2. Zur Rechtsstellung Strafgefangener als Patienten *Brettel* GesR 2017, 477; *Lindner/Huber* in GS Tröndle, S. 443 ff. Für Ärzte ergibt sich dies für jede medizinische Behandlung auch aus den Berufsordnungen der Länder (siehe beispielhaft hierzu § 2 Abs. 2 MBO-Ä, wonach nicht das Interesse Dritter über das Wohl der Patientinnen und Patienten gestellt werden darf).

[19] So berichten *Geyer* u. a. von antitherapeutischen Tendenzen der Verleugnung und Scheinanpassungen bei Untergebrachten, die von der Einbindung des Therapeuten in das Berichtswesen gegenüber der Justiz wissen (NStZ 2017, 185, 190); siehe zu dieser Problematik auch *Schott* R & P 2009, 20, 26 mit dem Hinweis auf ein Fallbeispiel aus der Praxis. Insgesamt hierzu auch schon *Marx* GA 1983, 160, 178. *Böllinger* geht betreffend § 182 Abs. 2 StVollzG davon aus, dass die Therapiequalität vollständig aufgehoben sei (Forensische Psychiatrie und Psychotherapie 2003, 17, 24 ff.; *Böllinger* Z. Sexualforsch 1999, 140, 144 f.).

Teil II: Die Reichweite der Schweigepflicht von Bezugstherapeuten in der Maßregelvollstreckung

Kapitel 4: Die materiell-rechtliche Schweigepflicht aus § 203 StGB

Das ärztliche Berufsgeheimnis wird durch ein Normgeflecht aus Regelungen verschiedener Rechtsbereiche geschützt: dem Straf- und Strafprozessrecht, dem ärztlichen Berufs- und Vertragsrecht[1] sowie weiteren Schutzsystemen, wie bspw. dem Datenschutzrecht. Daneben fließen, wie in Kap. 7 dargestellt wird, verschiedene außerstrafrechtliche Bestimmungen als Offenbarungspflichten oder -befugnisse ein. Dieses Normengeflecht ist in sich nicht stets kongruent und wirft verschiedene Probleme auf.[2] Maßgeblich für die Beantwortung der Frage nach der Reichweite der bezugstherapeutischen Schweigepflicht ist dabei insbesondere, ob und inwieweit die aus § 203 StGB[3] fließende materiell-rechtliche Schweigepflicht auch für Bezugstherapeuten im Maßregelvollzug gilt und inwieweit diese (im Fall ihres Bestehens) durch Offenbarungsrechte oder -befugnisse durchbrochen wird. Bei Bezugstherapeuten im Maßregelvollzug handelt es sich in der Regel um Ärzte, Psychologen oder Sozialpädagogen,[4] die den in dem Sonderdelikt des § 203 Abs. 1 StGB

[1] Für eine Strafbarkeit nach § 203 StGB haben die Berufs- und Standesvorschriften (siehe hierzu Kap. 1 Fn. 6) – mit Ausnahme des Zulassungsrechts in Hinblick auf eine taugliche Tätereigenschaft i. S. d. § 203 StGB – keine unmittelbare Bedeutung (siehe *Zander*, Umfang und Grenzen des ärztlichen Berufsgeheimnisses, S. 30). Eine Verletzung der beamten- oder berufsrechtlichen Schweigepflicht kann allerdings Folgen nach Standes- und Berufsrecht haben (siehe hierzu Laufs/Kern/Rehborn ArztR-Hdb/*Ulsenheimer* § 139 Rn. 14).

[2] Vgl. *Zander*, Umfang und Grenzen des ärztlichen Berufsgeheimnisses, S. 27.

[3] Zur historischen Entwicklung der strafbewehrten Schweigepflicht sowie zu den unterschiedlichen Ansätzen zum umstrittenen Schutzzweck des § 203 StGB siehe *Vahlenkamp*, Ärztliche Schweigepflicht im Strafverfahren, S. 9 ff. und S. 15 ff.; *Eichelbrönner*, Die Grenzen der Schweigepflicht des Arztes, S. 9 ff. und S. 56 ff.; *Ofterdinger*, Vom Reden und Schweigen des Anstaltsarztes, S. 106 ff. Zum Schutzzweck der Norm siehe auch *Michalowski* ZStW 1997, 519 ff. sowie Laufs/Kern/Rehborn ArztR-Hdb/*Ulsenheimer* § 139 Rn. 10 ff.

[4] § 203 Abs. 1 Nr. 1, 2 und 6 StGB. Siehe hierzu *Geyer* u. a. NStZ 2017, 185, 189; zum Täterkreis siehe auch *Ulsenheimer/Gaede* in dies. (Hrsg.), Arztstrafrecht in der Praxis, Rn. 1040 ff.

K. Neßeler, *Gutachterliche Stellungnahmen in der Maßregelvollstreckung (§ 63 StGB)*, MedR Schriftenreihe Medizinrecht,
https://doi.org/10.1007/978-3-662-73984-6_4

bezeichneten Berufsgruppen angehören („berufsspezifisches Schweigegebot").[5] Das berufsspezifische Schweigegebot wird in Abs. 2 um das Gebot der Amtsverschwiegenheit für Amtsträger und amtsnahe Personen ergänzt,[6] wobei sich beide Gebote überschneiden können.[7] Die Berufs- und Standesvorschriften[8] haben mit Blick auf § 203 StGB nur soweit sie das Zulassungsrecht betreffen Relevanz, da sie über eine taugliche Tätereigenschaft i. S. d. § 203 StGB bestimmen.[9]

A. Der Geheimnisbegriff des § 203 StGB im Maßregelvollzug

Der Geheimnisbegriff des § 203 StGB umfasst – weitestgehend unstreitig – zunächst alle Tatsachen, deren Kenntnis nicht allgemein, sondern nur für einen bestimmten begrenzten Personenkreis gegeben ist.[10] Offenkundiges ist kein Geheimnis.[11] Überwiegend wird darüber hinaus ein (mutmaßlicher) Geheimhaltungswille[12] gefordert und, dass der Patient an der Geheimhaltung ein verständliches, also sachlich begründetes und schutzwürdiges Interesse hat.[13] Der Geheimnisbegriff ist weit auszulegen und umfasst neben der Art der Krankheit, ihrem Verlauf, der Anamnese, der Diagnose, der eingeleiteten Therapie sowie Prognoseerwägungen auch An-

---

[5] Laufs/Kern/Rehborn ArztR-Hdb/*Ulsenheimer* § 139 Rn. 10. Nach § 203 Abs. 4 StGB unterliegen auch berufsmäßig tätige Gehilfen (Abs. 3 S. 1), sonstige mitwirkende Personen (Abs. 3 S. 2) und beim Berufsgeheimnisträger tätige Beauftragte für den Datenschutz der Schweigepflicht.

[6] Zur Erweiterung des Tatobjekts um „Einzelangaben über persönliche und sachliche Verhältnisse eines anderen" NK-StGB/*Kargl* § 203 Rn. 10.

[7] Bspw. bei einem beamteten Chefarzt einer Universitätsklinik (vgl. Laufs/Kern/Rehborn ArztR-Hdb/*Ulsenheimer* § 139 Rn. 11; LK-StGB Online/*Hilgendorf* § 203 Rn. 2). Zu den Konkurrenzen in diesem Fall *Popp* in AnwK-StGB § 203 Rn. 57.

[8] Siehe hierzu Kap. 1 Fn. 6.

[9] Siehe *Zander*, Umfang und Grenzen des ärztlichen Berufsgeheimnisses, S. 30. Eine Verletzung der beamten- oder berufsrechtlichen Schweigepflicht kann allerdings Folgen nach Standes- und Berufsrecht haben (siehe hierzu Laufs/Kern/Rehborn ArztR-Hdb/*Ulsenheimer* § 139 Rn. 14).

[10] Mit Hinweisen für die Grauzone zwischen einem bestimmten begrenzten und nicht bestimmbaren Personenkreis *Volckart* R & P 1990, 158, 161.

[11] Siehe bspw. SK-StGB/*Hoyer* § 203 Rn. 8 f.

[12] Vgl. MüKoStGB/*Cierniak/Niehaus* § 203 Rn. 19 ff.; Lackner/Kühl/Heger/*Heger* § 203 Rn. 14; Fischer/*Fischer/Anstötz* § 203 StGB Rn. 9; LK-StGB Online/*Hilgendorf* § 203 Rn. 32 m. w. N. Nach NK-StGB/*Kargl* § 203 Rn. 16 ist ein Geheimhaltungswille nicht erforderlich, weil ein Anvertrautsein nach der Aufnahme der Alternative „sonst bekannt" geworden in das Gesetz kein notwendiger Bestandteil der Tatsachenübermittlung ist. So auch TK-StGB/*Eisele* § 203 Rn. 5, SK-StGB/*Hoyer* § 203 Rn. 14. Geht man von der Erforderlichkeit eines Geheimhaltungswillen aus, schließt ein Einverständnis in die Offenbarung an einen nicht mehr eingrenzbaren Personenkreis den objektiven Tatbestand aus (vgl. *Popp* in AnwK-StGB § 203 Rn. 5).

[13] So sollen insbesondere Bagatellen aus dem strafrechtlichen Schutz ausgenommen werden (Ultima-Ratio-Prinzip): vgl. MüKoStGB/*Cierniak/Niehaus* § 203 Rn. 22 ff.; Lackner/Kühl/Heger/*Heger* § 203 Rn. 14; TK-StGB/*Eisele* § 203 Rn. 7; SK-StGB/*Hoyer* § 203 Rn. 10 ff.; Fischer/*Fischer/Anstötz* § 203 StGB Rn. 9; LK-StGB Online/*Hilgendorf* § 203 Rn. 32 m. w. N. Ablehnend dagegen NK-StGB/*Kargl* § 203 Rn. 17 ff.

gaben über persönliche, familiäre, berufliche, wirtschaftliche und finanzielle Umstände.[14] In Bezug auf die Unterbringung in einem psychiatrischen Krankenhaus ist dabei die Besonderheit zu beachten, dass Bezugstherapeuten nicht wie im privaten Arztvertragsrecht allein behandelnd agieren, sondern darüber hinaus auch Ordnungs- und Verwaltungsaufgaben wahrnehmen; bspw. wenn ein Entweichen des Untergebrachten verhindert wird.[15] Dies hat zur Konsequenz, dass nur solche Tatsachen von § 203 StGB umfasst sind, die der therapeutischen Betreuung unterfallen. Tatsachen aus dem Maßregelvollzug dagegen, „die im Rahmen der Wahrnehmung von Ordnungs- und Verwaltungsfunktionen auch für nicht mit therapeutischen Aufgaben betraute Dritte erkennbar sind" unterfallen auch nach dem BVerfG richtigerweise nicht der ärztlichen Schweigepflicht,[16] „da insoweit ein innerer Zusammenhang mit der ärztlichen Berufsausübung nicht besteht und schutzwürdiges Vertrauen auf eine Nichtweitergabe nicht entstehen kann".[17] In der Regel wird es sich dabei um Tatsachen betreffend den Unterbringungsverlauf, das Vollzugs- und Sozialverhalten der untergebrachten Person jenseits ihrer therapeutischen Betreuung und den Umgang in Konfliktsituationen mit anderen untergebrachten Personen oder dem Personal handeln.[18] Mitteilungsfähig sind folglich alle Tatsachen bezogen auf das Verhalten und die Äußerungen der untergebrachten Person, die außerhalb von einzel- und gruppentherapeutischen Behandlungssituationen erfolgen, und für deren Wahrnehmung die therapeutische Funktion des Behandlers belanglos ist (bspw.: Kontaktverhalten, Konflikte mit Personal/Mitpatienten, Einhaltung der Tagesstruktur, Häufigkeit und Art der in Anspruch genommenen Therapieangebote, Regelverstöße, Drogenrückfälle, Fluchtvorbereitungen).[19] Dies gilt auch für solche Aspekte des psychischen Zustandes, die für jeden Mitpatienten und das gesamte Personal der Maßregelvollzugseinrichtung sichtbar sind.[20] Entsprechend der hier vertretenen Ansicht kann und muss das Vollstreckungsgericht demnach zumindest eine substanziierte Darlegung bezüglich des Vollzugsverhaltens seit der jeweils vorangegangenen Fortdauerentscheidung von der Maßregelvollzugseinrichtung verlangen – andernfalls drohen ein Verstoß gegen das Gebot bestmöglicher Sachaufklärung sowie eine Verletzung der Grundrechte der untergebrachten Person aus Art. 2 Abs. 2 S. 2 i. V. m. Art. 104 Abs. 1 GG.[21]

---

[14] Vgl. *Herzog* ZRP 2015, 121, 122; *Langkeit* NStZ 1994, 6; Laufs/Kern/Rehborn ArztR-Hdb/*Ulsenheimer* § 140 Rn. 2. Zu Einschränkungen bei stationärer Aufnahme in ein Krankenhaus *Waider* in Pollähne/Rode (Hrsg.), Schweigepflicht und Datenschutz, S. 99, 106.

[15] Siehe *Waider* R & P 2006, 65, 67 sowie *ders.* in Pollähne/Rode (Hrsg.), Schweigepflicht und Datenschutz, S. 99, 103 ff.

[16] BVerfG medstra 2015, 292.

[17] BVerfG medstra 2015, 292.

[18] Vgl. BVerfG medstra 2015, 292; MRV-Recht/*Lesting* Rn. G. 252; StVollzG/*Goerdeler*, Teil III Rn. 190.

[19] Siehe hierzu auch *Waider* in Pollähne/Rode (Hrsg.), Schweigepflicht und Datenschutz, S. 99, 105 ff.; 116; *Volckart/Grünebaum*, Maßregelvollzug, S. 260 f.

[20] Vgl. *Waider* R & P 2006, 65, 68.

[21] So BVerfG medstra 2015, 292. Zustimmend KK-StPO/*Appl* § 463 Rn. 4b; Radtke/Homann/*Baier*, StPO, § 463 Rn. 10. Weiter geht dagegen das OLG Hamm (BeckRS 2018, 33849 Rn. 25), nach

Andere ziehen den Kreis der mitteilungsfähigen Tatsachen dagegen weiter. So soll über das Vollzugsverhalten hinaus zumindest die Offenbarung der wichtigsten äußeren Behandlungsdaten wie bspw. Therapieverweigerung/-abbruch und Begleitmedikation zulässig sein, da ohne einigermaßen verlässliche Informationen über den Behandlungsstand weder Entscheidungen über eine bedingte Entlassung sinnvoll vorbereitet noch Verhältnismäßigkeitsprüfungen durchgeführt werden könnten.[22] Zum Teil wird auch unter dem Verweis auf ein nicht „normales Arzt-Patienten-Verhältnis" dafür plädiert, neben dem Vollzugsverhalten auch Befunde, Einschätzungen, Behandlungs- und Lockerungsverläufe sowie Berichte über das Krankheitsbild und Verhalten aus dem Geheimnisbegriff auszunehmen. „Besondere Informationen" dagegen, die im Vertrauen auf die Verschwiegenheit der behandelnden Person offenbart wurden, dürften dagegen nicht mitgeteilt werden.[23] Abgesehen davon, dass eine Abgrenzung kaum möglich sein dürfte, werden auch die für eine Offenbarung zugelassenen Angaben aus der Rolle als therapeutisch handelnder Arzt herrühren und so im Vertrauen auf die Verschwiegenheit mittgeteilt worden sein.

B. Berufsspezifische Konnexität

Die unter den Geheimnisbegriff fallenden Tatsachen werden Bezugstherapeuten auch in ihrer beruflichen Eigenschaft als Arzt bzw. Therapeut anvertraut oder ihnen sonst bekannt.[24]

I. Externe Sachverständige

Nach einer früher vertretenen Ansicht in Bezug auf gerichtlich bestellte Sachverständige sollen diese zwar dem Probanden nicht als Arzt gegenübertreten.[25] Da dann aber diejenigen Fälle aus dem Schutz des § 203 StGB (und § 53 StPO) fallen würden, in denen ein öffentlich bestellter Sachverständige die im Rahmen der Begut-

---

dem sich die gutachterliche Stellungnahme (entsprechend der Gesetzesbegründung, BT-Drs. 18/7233, S. 36, 51) auch auf Umstände zu beziehen hat, die im Fall eines freiwillig eingegangenen Behandlungsverhältnisses dem Kernbereich der ärztlichen oder psychologischen Schweigepflicht zuzuordnen wären, und Erkenntnisse betrifft, die das Gericht benötigt, um eine eigenverantwortliche prognostische Beurteilung im Hinblick auf seine Fortdauerentscheidung treffen zu können. Ähnlich OLG Hamburg BeckRS 2020, 28247.

[22] Siehe *Schöch* in FS H.-L. Schreiber, S. 437, 446.

[23] MRV-Recht/*Trenckmann* Rn. L 153, 154.

[24] Siehe hierzu im Kontext des Maßregelvollzugs *Waider* in Pollähne/Rode (Hrsg.), Schweigepflicht und Datenschutz, S. 99, 107 f.

[25] So noch RGSt 61, 384; 66, 273; *Schmidt, Eb.*, Der Arzt im Strafrecht, 1939, S. 3, 32 f.; siehe hierzu auch *Krauß* ZStW 1985, 81, 86.

achtung erfahrenen Geheimnisse Dritten gegenüber offenbart, wird diese Ansicht heute zu Recht überwiegend abgelehnt.[26] Auch die Erstattung eines Gutachtens ist – bezogen auf die der therapeutischen Betreuung unterfallenden Tatsachen – somit eine tatbestandsmäßige Handlung.[27]

II. Bezugstherapeuten

Dies muss erst recht für gutachterliche Stellungnahmen gelten, die sich auf therapeutische Gespräche beziehen, bezüglich derer die staatliche Anordnung der Geheimnisöffnung der untergebrachten Person nicht vergleichbar offenbar wird. Bei der Erstellung eines externen Gutachtens auf Grundlage punktueller und zeitlich auf einen gewissen Zeitraum beschränkter Termine, geht es nicht um die Entwicklung einer Therapie zum Zwecke der „Heilung" des Untergebrachten,[28] sondern um die Erstellung einer Diagnose und Prognose als Hilfsmittel für eine Entscheidung der Strafvollstreckungskammer. Der die gutachterliche Stellungnahme abfassende Bezugstherapeut versucht dagegen primär den Untergebrachten therapeutisch erfolgreich zu behandeln und tritt mit ihm langfristig in ein Vertrauensverhältnis. Teilweise wird davon ausgegangen, dass es sich bei dem Verhältnis zwischen untergebrachter Person und Bezugstherapeuten nicht um ein „normales" Arzt-Patienten-Verhältnis handle, da der Untergebrachte wisse, dass er aufgrund seiner psychischen Erkrankung zwangsuntergebracht sei, dass sein Verhalten und der Verlauf seiner Behandlung entscheidend für die Fortdauer der Unterbringung seien und dass das Vollstreckungsgericht hiervon Kenntnis erlange.[29] Folglich habe die untergebrachte Person kein besonderes Vertrauen in die Verschwiegenheit der Behandler, was bei der Reichweite der Schweigepflicht zu berücksichtigen sei.[30] Dass sich Untergebrachte in therapeutischen Gesprächen über die spätere Publizität ihrer Mitteilungen bewusst sind, ist allerdings reine Spekulation. Hinzu tritt der Aspekt, dass sich gerade im Zwangskontext des Maßregelvollzugs eine vertrauensvolle Therapiegrundlage nur schwer einzustellen vermag.[31] Untergebrachte sind in

[26] Vgl. *Krauß* ZStW 1985, 81, 87; LK-StGB Online/*Hilgendorf* § 203 Rn. 177; MüKoStGB/*Cierniak/Niehaus* § 203 Rn. 80, TK-StGB/*Eisele* § 203 StGB Rn. 16 (aber Tatbestandsausschluss bei Offenbarung gegenüber dem Gericht im Rahmen des Auftrags); NK-StGB/*Kargl* § 203 Rn. 129.

[27] Siehe Fischer/*Fischer/Anstötz* § 203 Rn. 78; NK-StGB/*Kargl* § 203 Rn. 129; a. A. TK-StGB/*Eisele* § 203 Rn. 16; Laufs/Kern/Rehborn ArztR-Hdb/*Ulsenheimer* § 140 Rn. 9: Tatbestandsausschluss.

[28] Vgl. auch Löwe/Rosenberg/*Ignor/Bertheau*, StPO Online, § 53 Rn. 39.

[29] So *Geyer* u. a. NStZ 2017, 185, 191; ähnlich MRV-Recht/*Trenckmann* Rn. L 153 (bzgl. „Befunde und Einschätzungen; Behandlungs- und Lockerungsverläufe und Berichte über das Krankheitsbild", nicht aber für „besondere Informationen, die in den Einzelgesprächen [...] im Vertrauen auf die Verschwiegenheit der behandelnden Person gemacht wurden" Rn. L 154; siehe auch schon Kap. 4 A.).

[30] Siehe *Geyer* u. a. NStZ 2017, 185, 191.

[31] Siehe *Hahn* in Cornel u. a. (Hrsg.), Resozialisierung, 2023, S. 331, 335.

der Regel (jedenfalls zunächst) misstrauisch gegenüber dem therapeutischen Klinikpersonal eingestellt, was eine Öffnung gegenüber dem Bezugstherapeuten erschwert bzw. verhindert. Um dem spezifischen Ziel des Maßregelvollzugs aus § 136 StVollzG, den Untergebrachten zu heilen, nachkommen zu können, ist es notwendig, Rahmenbedingungen zu bieten, in denen eine therapeutische Vertrauensbeziehung überhaupt entstehen kann. Mit einer Beschneidung der Schweigepflicht wird dies nicht gelingen.[32]

[32] Vgl. auch *Marx* GA 1983, 160, 165 ff.

Kapitel 5: Offenbarungspflichten und -befugnisse – Grundlagen

A. Entbindung von der Schweigepflicht und Notwendigkeit einer gesetzlichen Grundlage

Werden unter den Geheimnisbegriff fallende Tatsachen gegenüber dem Vollstreckungsgericht vorsätzlich[1] offenbart[2] und ist der Tatbestand des § 203 StGB daher erfüllt, scheidet eine Strafbarkeit der Bezugstherapeuten dennoch aus, wenn das Offenbaren mit Befugnis und somit nicht rechtswidrig erfolgt.[3] Dies ist in erster

[1] Strafbar ist nach § 203 StGB nur ein vorsätzlicher (rechtswidriger und schuldhafter) Verstoß gegen die ärztliche Schweigepflicht. Der Bezugstherapeut muss also wissen, dass er ein ihm aufgrund seiner beruflichen Stellung anvertrautes oder sonst bekannt gewordenes fremdes Geheimnis offenbart, er zum potenziellen Täterkreis gehört und ein Geheimnis preisgibt. Zudem muss der Therapeut dies zumindest billigend in Kauf nehmen (vgl. Laufs/Kern/Rehborn ArztR-Hdb/*Ulsenheimer* § 142 Rn. 1).

[2] Zur Offenbarung von Geheimnissen im Behandlungsteam siehe unten Kap. 7 B. III. 2.

[3] Überzeugend NK-StGB/*Kargl* § 203 StGB Rn. 101; siehe auch Fischer/*Fischer/Anstötz* § 203 Rn. 61; a. A. TK-StGB/*Eisele* § 203 Rn. 29; MüKoStGB/*Cierniak/Niehaus* § 203 Rn. 62 f.; BGHSt 4, 355; OLG Köln NJW 1962, 686: Doppelfunktion. Dazu, dass die Einordnung als Tatbestandsmerkmal und/oder Element der Rechtswidrigkeit nur unter Irrtumsaspekten Relevanz hat *Waider* in Pollähne/Rode (Hrsg.), Schweigepflicht und Datenschutz, S. 99, 110 sowie Laufs/Kern/Rehborn ArztR-Hdb/*Ulsenheimer* § 141 Rn. 1. Mit Blick auf die aus dem Berufsrecht folgende Schweigepflicht besteht nach § 9 Abs. 2 S. 3 MBO-Ä eine Besonderheit, wonach der Arzt den Patienten unterrichten soll, soweit gesetzliche Vorschriften die Schweigepflicht des Arztes einschränken. Trotz der Formulierung der Vorschrift als Soll-Vorschrift, wird sie zum Teil als zwingend angesehen (siehe bspw. *Weber*, Die berufsrechtliche Dimension der ärztlichen Schweigepflicht im Einzelnen in *Chasklowitz*, Ärztliche Schweigepflicht und Schutz der Patientendaten, S. 52). Die Bundesländer Bayern, Baden-Württemberg und Hamburg haben zudem Regelungen geschaffen, durch die die Ärzte zur Verschwiegenheit verpflichtet sind, wenn der Arzt im amtlichen oder privaten Auftrag eines Dritten tätig wird (bspw. im Fall des Sachverständigen), es sei denn, dass dem Betroffenen vor der Untersuchung oder Behandlung bekannt ist oder eröffnet wurde, inwieweit die vom Arzt getroffenen Feststellungen zur Mitteilung an Dritte bestimmt sind (§ 9

K. Neßeler, *Gutachterliche Stellungnahmen in der Maßregelvollstreckung (§ 63 StGB)*, MedR Schriftenreihe Medizinrecht,
https://doi.org/10.1007/978-3-662-73984-6_5

Linie der Fall, wenn die untergebrachte Person die Unterbringungseinrichtung wirksam von der Schweigepflicht entbunden hat.[4] In diesem Fall dürfen Bezugstherapeuten, soweit die Entbindung reicht, Geheimnisse offenbaren; im Verfahren müssen sie dies sogar (§ 53 Abs. 2 S. 1 StPO).[5] Erfolgt eine solche Entbindung nicht, dürfen Tatsachen aus der therapeutischen Vertrauensbeziehung nur bei Vorliegen einer gesetzlichen Offenbarungspflicht oder -befugnis offenbart werden. Sachverständige, die ein Gutachten auf Grund eines auf entsprechender gesetzlicher Ermächtigung beruhenden gerichtlichen Auftrags erstellen und im Rahmen des Untersuchungsauftrags Geheimnisse offenbaren, sind – darüber besteht weitgehend Einigkeit – durch die Pflicht zur Gutachtenerstattung (§ 75 StPO) gerechtfertigt.[6] Gutachterliche Stellungnahmen sind aber keine Sachverständigengutachten.[7] Dies ergibt sich schon aus § 463 Abs. 4 S. 2 und 3 StPO. Die Gesetzeslage bezogen auf Offenbarungsbefugnisse bzw. -pflichten für die hier diskutierte Konstellation ist – jenseits von Fällen des rechtfertigenden Notstands nach § 34 StGB[8] oder einer gesetzlichen Anzeigepflicht, wie bspw. nach § 138 StGB[9] – undurchsichtig. In Betracht kommen sowohl bundes- als auch landesrechtliche Bestimmungen.

Abs. 6 Berufsordnung für die Ärzte Bayerns, § 9 Abs. 6 Berufsordnung der Landesärztekammer Baden-Württemberg), § 9 Abs. 6 Berufsordnung der Hamburger Ärztinnen und Ärzte).

4 Zur Problematik des Zwangskontextes im Maßregelvollzug siehe bspw. *Goerdeler* R & P 2014, 129, 132. Zu weiteren potenziellen Problemen bei der Annahme einer wirksamen Einwilligung siehe *Pollähne* in Pollähne/Rode (Hrsg.), Schweigepflicht und Datenschutz, S. 5, 11. Zur Einwilligungsfähigkeit *Volckart* R & P 1990, 158. Zur Formfrage im Zusammenhang mit einer datenschutzrechtlich relevanten Übermittlung siehe bspw. MüKoStGB/*Cierniak/Niehaus* § 203 Rn. 70 sowie (allerdings z. T. zur früheren Rechtslage) *Sieber* in FS Eser, S. 1155, 1178 ff. Letztlich ist davon auszugehen, dass die datenschutzrechtlichen Formvorschriften nicht einzuhalten sind (vgl. auch *Popp* in AnwK-StGB § 203 Rn. 40). Zu den (in Einzelfällen) weitreichenden Folgen, die eine Entbindung des Bezugstherapeuten von der Schweigepflicht zu prognostischen Zwecken für die therapeutische Arbeit haben kann *Adt* R & P 1998 72, 76 ff.; *Böllinger* Forensische Psychiatrie und Psychotherapie 2003, 17, 29.

5 Siehe ausführlich unten unter Kap. 6 B. II.

6 Vgl. BGH NJW 1964, 449; BGH NStZ-RR 2019, 15; NK-StGB/*Kargl* § 203 Rn. 129; Fischer/*Fischer/Anstötz* § 203 Rn. 78; Laufs/Kern/Rehborn ArztR-Hdb/*Ulsenheimer* § 141 Rn. 3; *Vahlenkamp*, Ärztliche Schweigepflicht im Strafverfahren, S. 133; nach TK-StGB/*Eisele* § 203 Rn. 16 sei im Fall des gerichtlich bestellten Sachverständigen bereits die Offenbarung im Rahmen des Auftrags tatbestandlich nicht unbefugt; LK-StGB Online/*Hilgendorf* § 203 Rn. 177: im Falle der Begutachtung ohne oder gegen den Willen des Betroffenen greifen die Grundsätze der Pflichtenkollision und der Einheit der Rechtsordnung; insoweit sei § 75 StPO lex specialis zu § 203 StGB. Zu Offenbarungsrechten bzw. -pflichten von Therapeuten im Strafvollzug zum Zwecke der Anordnung der nachträglichen Sicherungsverwahrung siehe *Harrendorf* JR 2007, 18.

7 Siehe auch die Gesetzesbegründung (die gutachterliche Stellungnahme sei mehr als ein „Arztbrief" und weniger als ein Sachverständigengutachten, BT-Drs. 18/7244, S. 36 f.). A.A. OLG München BeckRS 2016, 15059, wenn die maßgeblichen Fragen in zureichendem Maße behandelt und bewertet werden.

8 Hierzu ausführlich *Vahlenkamp*, Ärztliche Schweigepflicht im Strafverfahren, S. 167 ff.

9 Siehe hierzu *Ofterdinger*, Vom Reden und Schweigen des Anstaltsarztes, S. 139 ff. Laufs/Kern/Rehborn ArztR-Hdb/*Ulsenheimer* § 141 Rn. 16 ff.

B. Anforderungen an eine gesetzliche Grundlage

I. Gebot der Normenklarheit

Aus der oben beschriebenen verfassungsrechtlichen Relevanz gutachterlicher Stellungnahmen folgen insbesondere formelle Anforderungen an eine taugliche gesetzliche Grundlage für eine befugte Offenbarung. Durch die Weitergabe von Befunden über den Gesundheitszustand, die seelische Verfassung und den Charakter wird – wie gezeigt – unter anderem in das allgemeine Persönlichkeitsrecht eingegriffen.[10] Eingriffe in Art. 2 Abs. 1 GG müssen zwar im überwiegenden Allgemeininteresse hingenommen werden. Allerdings bedürfen solche Beschränkungen einer gesetzlichen Grundlage, aus der sich die Voraussetzungen und der Umfang der Beschränkungen so deutlich und für den Bürger erkennbar ergeben, dass dies dem rechtsstaatlichen Gebot der Normenklarheit entspricht.[11] Gleiches gilt mit Blick auf Beschränkungen des Rechts auf informationelle Selbstbestimmung aus Art. 2 Abs. 1 i. V. m. Art. 1 Abs. 1 GG.[12] Jede Verarbeitung personenbezogener Daten bedarf einer wirksamen, normenklaren und hinreichend bestimmten Rechtsgrundlage, die sich am Grundsatz der Verhältnismäßigkeit orientiert.[13]

II. Grundsatz der Zweckbindung für datenschutzrechtliche Ermächtigungsgrundlagen

Im Rahmen therapeutischer Gespräche werden nicht nur Geheimnisse i. S. d. § 203 StGB anvertraut, sondern darüber hinaus personenbezogene Daten, und zwar insbesondere auch besonders schutzwürdige, in datenschutzrechtlicher Hinsicht erhoben und gespeichert. In der Weitergabe solcher Daten im Rahmen der Übersendung einer gutachterlichen Stellungnahme an die Vollstreckungsbehörde bzw. das Vollstreckungsgericht, liegt eine Übermittlung von (auch sensiblen) personenbezogenen Daten im Sinne des Datenschutzrechts. In der Datenweitergabe liegt ein (gegenüber der Datenerhebung und -speicherung) selbstständiger Verarbeitungsschritt, durch den der Kreis derjenigen, die Kenntnis auch sensibler Daten haben, weitergezogen

---

[10] Vgl. BVerfG BeckRS 2006, 18039.

[11] Vgl. BVerfG NJW 2006, 976. Siehe hierzu auch *Goerdeler* R & P 2014, 129, 130.

[12] Siehe hierzu Huber/Voßkuhle/*Eichberger*, GG, Art. 2 Rn. 293 ff.

[13] Vgl. BVerfGE 65, 1, 46. Vor diesem Hintergrund kann im Bereich des Informationsflusses zwischen Behörden ein befugtes Offenbaren nicht auf Grundlage von Art. 35 Abs. 1 GG (Amtshilfe) angenommen werden (vgl. bspw. *Schöch* in FS H.-L. Schreiber, S. 437, 442; mit Einschränkungen für den Einzelfall dagegen Laufs/Kern/Rehborn ArztR-Hdb/*Ulsenheimer* § 144 Rn. 19); ebenso wenig kann der Verweis auf öffentliche Interessen (bspw. OLG Karlsruhe NJW 1984, 676) oder eine Analogie zu § 30 Abs. 4 Nr. 5 AO genügen (ablehnend auch Fischer/*Fischer/Anstötz* § 203 StGB Rn. 82; MüKoStGB/*Cierniak/Niehaus* § 203 Rn. 129).

wird und daher von erhöhter Grundrechtsrelevanz ist.[14] Die Übermittlung bedarf einer ausdrücklichen Ermächtigungsnorm, in der die empfangenden Stellen sowie die Zwecke der Übermittlung klar geregelt sind.[15] Dies ergibt sich auch aus dem zentralen datenschutzrechtlichen Grundsatz der Zweckbindung, der sich unabhängig von einer gesetzlichen Normierung aus dem Recht auf informationelle Selbstbestimmung ergibt.[16] Das BVerfG verknüpft diesen Grundsatz teilweise mit der formalen Notwendigkeit der Normenklarheit der Ermächtigungsgrundlage.[17] Nach dem Grundsatz der Zweckbindung dürfen personenbezogene Daten nur für den Zweck verwendet werden, für den sie rechtmäßig erhoben wurden.[18] Dabei schließt der Grundsatz der Zweckbindung Zweckänderungen nicht aus. Sie bedürfen aber ihrerseits einer hinreichend normenklaren gesetzlichen Grundlage.[19] Gegenüber der Erhebung und Speicherung der Daten im Rahmen therapeutischer Gespräche, die zu Behandlungszwecken (zur Erreichung des Vollzugsziels) erfolgt, liegt – auch überwiegend nach den Länderregelungen – in der Übermittlung an die Vollstreckungsbehörde oder das Vollstreckungsgericht eine zweckändernde Verarbeitung zu Zwecken der Vollstreckung.

---

[14] Vgl. *Goerdeler* FS 2024 307, 308.

[15] Siehe *Goerdeler* FS 2024 307, 308.

[16] Grundlegend BVerfGE 65, 1, 46. Siehe hierzu bspw. BeckOK DatenschutzR/*Wolff/von Ungern-Sternberg*, Grundlagen und bereichsspezifischer Datenschutz, Syst. A. Rn. 19 ff.; *Buchner* in Tinnefeld u. a., Einführung in das Datenschutzrecht, S. 114 ff. sowie *Albers* in Pollähne/Rode (Hrsg.), Schweigepflicht und Datenschutz, S. 27, 31 f.

[17] Siehe bspw. BVerfGE 118, 168, 186 ff. Kritisch zu dieser Einordnung Huber/Voßkuhle/*Eichberger*, GG, Art. 2 Rn. 295.

[18] Dies entspricht Art. 8 Abs. 2 JI-RiL, wonach das innerstaatliche Datenschutzrecht die Ziele der Verarbeitung, die personenbezogenen Daten, die verarbeitet werden sollen, und die Zwecke der Verarbeitung angibt. Nach Art. 4 Abs. 1 lit. b) JI-RiL ist vorzusehen, dass die Verarbeitung personenbezogener Daten zu „festgelegten, eindeutigen und rechtmäßigen Zwecken" erfolgt.

[19] Vgl. BVerfG NJW 2000, 55, 57. Im Fall einer Datenverarbeitung, die im öffentlichen Interesse liegt oder in Ausübung öffentlicher Gewalt erfolgt – wie im Rahmen des Maßregelvollzugs –, müssen die Zwecke zwar nicht notwendigerweise in der Rechtsgrundlage ausdrücklich geregelt werden. Findet sich kein ausdrücklicher Zweck der Datenerhebung in der konkreten Rechtsgrundlage, ergibt sich die Zweckbestimmung durch die gesetzliche Festschreibung der Aufgaben (siehe BeckOK DatenschutzR/*Wolff/von Ungern-Sternberg*, Grundlagen und bereichsspezifischer Datenschutz, Syst. A. Rn. 25.1).

Kapitel 6: Bundesrechtliche Offenbarungsbefugnisse/-pflichten

A. § 463 Abs. 4 S. 1 StPO als Offenbarungsbefugnis

Zum Teil – auch seitens des Gesetzgebers – wird angenommen, eine solche Offenbarungsbefugnis ergebe sich aus § 463 Abs. 4 S. 1 StPO selbst.[1] Die Vorschrift formuliert die Vorgabe an das Gericht, zur Vorbereitung der Überprüfung der Fortdauer der Unterbringung in einem psychiatrischen Krankenhaus nach § 67e StGB eine gutachterliche Stellungnahme einzuholen. Dies impliziert zwar eine korrespondierende Pflicht der Klinik zur Abgabe einer solchen. Zur Frage der Durchbrechung der Schweigepflicht nach § 203 StGB verhält sich die Bestimmung allerdings nicht, weshalb eine solche auch aufgrund des Gebots der Normenklarheit nicht als deren Inhalt angenommen werden kann.[2] Daran ändert auch nichts, soweit die Schweigepflicht betroffen ist, darauf hinzuweisen, dass „eine fundierte Entscheidung über die Fortdauer der Unterbringung [...] dem Vollstreckungsgericht ohne Kenntnis des Verlaufs der Unterbringung, der Therapien und einer prognostischen Einschätzung der Maßregelvollzugseinrichtung schlicht nicht möglich"[3] sei und folglich eine Abwägung gegen die Erfordernisse der Rechtspflege wohl zugunsten Letzterer

[1] So *Peglau* NJW 2016, 2298; BGH NStZ 2025, 497; OLG Hamm BeckRS 2018, 33849 sowie der Gesetzgeber (BT-Drs. 18/7244, S. 36; zu den berechtigten Bedenken des Bundesrates, S. 50). Ebenso wohl auch BeckOK StPO/*Coen* § 463 Rn. 6; BGH BeckRS 2025, 8192.

[2] Zu §§ 463, 454 Abs. 1 S. 2 StPO *Volckart* R & P 1990, 158, 163. Das BVerfG hat die Frage, ob und inwieweit die ärztliche Schweigepflicht der Maßregelvollzugseinrichtung auch gegenüber der Vollstreckungskammer besteht, in einer Entscheidung, die vor Inkrafttreten der Regelung des § 463 Abs. 4 S. 1 StPO n. F. ergangen ist, zwar ausdrücklich dahinstehen lassen, aber zugleich dennoch formuliert: „grundsätzlich [ist] davon auszugehen [...], dass im Rahmen der Anhörung der Maßregelvollzugseinrichtung [...] die ärztliche Schweigepflicht zu beachten ist" (medstra 2015, 292 mit Anm. *Knauer* medstra 2015, 296). A. A. MüKoStGB/*van Gemmeren* StGB § 63 Rn. 122.

[3] *Geyer* u. a. NStZ 2017, 185, 191.

K. Neßeler, *Gutachterliche Stellungnahmen in der Maßregelvollstreckung (§ 63 StGB)*, MedR Schriftenreihe Medizinrecht,
https://doi.org/10.1007/978-3-662-73984-6_6

ausfalle.[4] Auch eine auf vollzuglichen Besonderheiten und Notwendigkeiten gründende übergesetzliche Offenbarungsbefugnis ist aus diesem Grund abzulehnen.[5] Allein die Tatsache, dass der Pflicht zur Verschwiegenheit ein vollzugsimmanentes, sachlich begründetes Interesse an Information gegenübersteht, hebt den Vertraulichkeitszwang ohne eine entsprechende Regelung nicht auf. In § 463 Abs. 4 S. 1 StPO kann nach seinem Wortlaut als äußerste Grenze der Auslegung allenfalls eine Ermächtigung zur Einholung einer gutachterlichen Stellungnahme bzw. Erhebung der entsprechenden Daten betreffend Nicht-Geheimnisse gesehen werden.[6]

Dass der Gesetzgeber selbst von der Notwendigkeit einer gesetzlichen Regelung ausgeht, zeigt die Schaffung des § 68a Abs. 8 StGB.[7] Dort wird geregelt, wann und wie weit Mitarbeitende forensischer Ambulanzen Geheimnisse, die ihnen während ihrer Tätigkeit von der verurteilten Person selbst anvertraut wurden, untereinander sowie gegenüber dem Gericht und der Aufsichtsstelle offenbaren müssen. Unter den genannten Umständen ist ein Offenbaren als i. S. d. § 203 StGB befugt und somit nicht rechtswidrig einzustufen. Allerdings ist diese Vorschrift eben auf forensische Ambulanzen beschränkt.

B. Prozessuale Offenbarungspflicht und prozessuales Schweigerecht

Im vollstreckungsrechtlichen Verfahren vor der Strafvollstreckungskammer wird die Fortdauer der Unterbringung im Wege des Freibeweises überprüft.[8] Im Freibeweisverfahren ist es dem Ermessen des vollstreckenden Gerichts überlassen, wie es sich die Überzeugung von Freibeweistatsachen verschafft.[9] Dabei gelten nicht die strengen Regeln der Öffentlichkeit, Unmittelbarkeit und Mündlichkeit; Auskunftspersonen können nicht nur in der Hauptverhandlung mündlich gehört, sondern von ihnen können auch schriftliche oder telefonische Auskünfte eingeholt wer-

[4] Mit offenbar dieser Schlussfolgerung *Geyer* u. a. NStZ 2017, 185, 191.

[5] Für den Strafvollzug Lackner/Kühl/Heger/*Heger* § 203 Rn. 20; *Geppert* 1983, 31 ff.; ablehnend auch MRV-Recht/*Oelbermann* Rn. K 82.

[6] Insoweit könnte § 463 Abs. 4 S. 1 StPO eine Erhebungsermächtigungsgrundlage für die Vollstreckungsgerichte schaffen, die mit Blick auf datenschutzrechtliche Befugnisgrundlagen zumindest eine Seite der vom BVerfG verlangten sog. Doppeltür für eine zulässige Übermittlung abdecken würde (BVerfG NJW 2020, 2699; siehe hierzu StVollzG/*Goerdeler*, Teil III Rn. 106). Zur früheren Rechtslage und entsprechend § 454 Abs. 1 S. 2 StPO *Waider* R & P 2006, 65, 73: Offenbarungsbefugnis möglich, aber keine -pflicht.

[7] Siehe hierzu *Vahlenkamp*, Ärztliche Schweigepflicht im Strafverfahren, S. 131 ff.; *Koller* in Pollähne/Rode (Hrsg.), Schweigepflicht und Datenschutz, S. 133 ff.

[8] Vgl. NK-StPO/*Brüning*, 1. Aufl. 2025, Vor §§ 449–463e StPO Rn. 41; *Werning*, in Burhoff/Kotz (Hrsg.), Handbuch für die strafrechtliche Nachsorge, 1. Aufl. (2016), Teil C Rn. 67; *Dallmeyer* in Alsberg, Der Beweisantrag im Strafprozess, Kap. 2 B Rn. 126; *Volckart* R & P 1988, 9.

[9] Siehe NK-StPO/*Brüning*, Vor §§ 449–463e StPO Rn. 41.

den.[10] Eine Grenze findet das dem Vollstreckungsgericht eingeräumte Ermessen allerdings in dem „Gebot bestmöglicher Sachaufklärung“ als Ausfluss der freiheitssichernden Funktion des Art. 2 Abs. 2 S. 2 GG, das mit zunehmender Dauer des Freiheitsentzugs an Bedeutung gewinnt.[11] Bevor erörtert wird, ob Bezugstherapeuten eine strafprozessuale Offenbarungspflicht trifft oder ihnen ein Aussage- oder Gutachtenverweigerungsrecht zusteht, (die auch im Freibeweisverfahren gelten),[12] wird zunächst geklärt, welchen prozessualen Beweisregeln die gutachterliche Stellungnahme unterliegt.

I. Prozessrechtliche Einordnung der gutachterlichen Stellungnahme

Gutachterliche Stellungnahmen enthalten zum einen Tatsachen, zu deren Wahrnehmung es besonderer Sachkunde bedurfte bzw. solche, auf die nur aufgrund besonderer Sachkunde geschlossen werden konnte.[13] Zum anderen werden aber auch Tatsachen wiedergegeben, die ohne besondere Sachkunde wahrgenommen werden konnten.[14] Darüber hinaus gibt die Einrichtung im Rahmen der Stellungnahme eine Meinungsäußerung ab, wie bspw. „Wir halten eine Entlassung des Patienten für verantwortbar“, die beweisrechtlich allerdings irrelevant ist. Entsprechend wird die Frage nach der prozessrechtlichen Behandlung der gutachterlichen Stellungnahme in Literatur und Rechtsprechung höchst unterschiedlich beantwortet.

1. Sachverständigen- oder Zeugenbeweis

Zum Teil wird nach der Qualität der in gutachterlichen Stellungnahmen bekundeten Tatsachen differenziert: Handelt es sich um Tatsachen, zu deren Wahrnehmung oder Erkenntnis es besonderer Sachkunde bedarf, seien die Beweisregeln über Sachverständige anzuwenden. Handelt es sich um Tatsachen, die jeder hätte wahrnehmen können, sei die Äußerung nach den Beweisregeln für Zeugen zu behandeln.[15]

---

[10] Vgl. *Dallmeyer* in Alsberg, Der Beweisantrag im Strafprozess, Kap. 2 B Rn. 126.

[11] Siehe BVerfG NStZ-RR 2013, 115. Vgl. auch oben unter Kap. 2. A

[12] Siehe hierzu *Voigtel*, Zum Freibeweis bei Entscheidungen der Strafvollstreckungskammer, 1998, S. 157 ff., 168 ff.

[13] So bspw. die Diagnose „Der Patient leidet an paranoider Schizophrenie“. Siehe auch *Volckart* R & P 1990 158, 159.

[14] Bspw. „Der Patient hat wiederholt Mitarbeitende und Mitpatienten umarmt und ihnen gegenüber sexuelle Wünsche geäußert“. Siehe auch *Volckart* R & P 1990 158, 159.

[15] Vgl. *Volckart/Grünebaum*, Maßregelvollzug, S. 258; *Voigtel*, Zum Freibeweis bei Entscheidungen der Strafvollstreckungskammer, S. 193.

2. Beweismittel sui generis

Andere ordnen Ärzte bzw. Therapeuten, die eine gutachterliche Stellungnahme abgeben, weder als Zeugen noch als Sachverständige ein.[16] Folge dieser Ansicht ist, dass Bezugstherapeuten im Falle der Aufforderung zur Abgabe einer Stellungnahme zwar kein Gutachten- oder Zeugnisverweigerungsrecht zustehen würde, sie aber ohnehin nicht den Aussagepflichten, die mit Zwangsmitteln durchgesetzt werden könnten, unterliegen würden.[17] In der Pflicht zur Abgabe einer gutachterlichen Stellungnahme könne nach dieser Ansicht aber eine spezielle gesteigerte Amtspflicht gesehen werden, die auf dem Dienstweg durchgesetzt werden könnte.[18] Kommt es dabei allerdings zu einer Verletzung der Schweigepflicht, müsse die Maßregelvollzugseinrichtung das staatliche Interesse an bestmöglicher Sachaufklärung gegen das Interesse der untergebrachten Person am Schutz seiner Geheimnisse und dem therapeutischen Interesse am Fortbestand der Vertrauensbeziehung als Grundlage erfolgreicher Behandlung gegeneinander abwägen.[19] Daneben bestehe die Möglichkeit des Gerichts, Bezugstherapeuten als Zeugen oder Gutachter zu laden, allerdings müssten dann Zeugnis- und Gutachtenverweigerungsrechte respektiert werden.[20]

3. Beweisregeln für (sachverständige) Zeugen, § 85 StPO

Die Rspr. ordnet Ärzte oder Therapeuten, die von der Strafvollstreckungskammer zur Entwicklung der untergebrachten Person gehört werden, dagegen als sachverständige Zeugen (§ 85 StPO) ein.[21] In dem zu entscheidenden Fall ging es um die Frage der Vergütung einer in der Maßregelvollzugsanstalt arbeitenden Psychologin für deren mündliche Ausführungen im Rahmen des Anhörungstermins zur Vorbereitung der Entscheidung über die Aussetzung der Vollstreckung zur Bewährung. Das OLG Jena machte den Vergütungsanspruch als Sachverständige nach §§ 84 StPO, 8 ff. JVEG davon abhängig, ob die Beweisperson tatsächlich in ihrer Funktion als Sachverständige vernommen worden oder tätig geworden ist. Dies sei nur dann der Fall, wenn die sachverständige Person die Tatsachengrundlage sowie die allgemeinen Erfahrungssätze mitteilt und die Schlussfolgerungen darlegt, die zu ihrem Ergebnis geführt haben. Dabei sei die wissenschaftliche Ableitung der Untersuchungsergebnisse maßgeblich. Erforderlich sei die Wiedergabe der Anknüpfungs-, Befunds- und Erfahrungstatsachen, sowie die Mitteilung und Herleitung der fachwissenschaftlichen Erfahrungssätze und die substanziierte Beantwortung der Beweisfrage. Zwar enthielten die Angaben der Psychologin auch gutachterliche Äu-

[16] Vgl. *Pollähne/Schäfer-Eikermann* R & P 1988, 2, 5.

[17] Vgl. *Pollähne/Schäfer-Eikermann* R & P 1988, 2, 5.

[18] Siehe *Pollähne/Schäfer-Eikermann* R & P 1988, 2, 5.

[19] Vgl. *Pollähne/Schäfer-Eikermann* R & P 1988, 2, 5. Siehe zum Strafvollzug auch Laufs/Kern/Rehborn ArztR-Hdb/*Ulsenheimer* § 144 Rn. 19.

[20] Vgl. *Pollähne/Schäfer-Eikermann* R & P 1988, 2, 5.

[21] Vgl. OLG Jena BeckRS 2009, 11633.

ßerungen, diese seien allerdings den Dienstaufgaben der in einer Maßregelvollzugseinrichtung Behandelnden zuzuordnen. Eine Stellungnahme zur Frage des Vorliegens der Entlassungsvoraussetzungen sei daher vom allgemeinen Pflegesatz mit umfasst. Entsprechend könnte auch eine schriftliche Stellungnahme insgesamt nach den prozessualen Beweisregeln für (sachverständige) Zeugen zu behandeln sein.

4. Stellungnahme

Die Entscheidung des OLG Jena hebt zwar ein entscheidendes Differenzierungsmerkmal zwischen dem Sachverständigen- und Zeugenbeweis hervor. Da durch gutachterliche Stellungnahmen nicht allein Sachkunde vermittelt wird (eindeutiger Sachverständigenbeweis), sondern sie auch Aussagen über Wahrnehmungen enthalten, kann neben der Sachkunde maßgebliches Abgrenzungskriterium aber nur der Anlass der Wahrnehmung sein.[22] Entscheidend ist danach, ob die Wahrnehmungen mit oder ohne behördlichen Auftrag erfolgt sind.[23] Bezugstherapeuten im Maßregelvollzug behandeln Untergebrachte ohne Gutachtenauftrag. Vielmehr wird von ihnen eine zusammenfassende Darstellung ihrer zum Teil mit besonderer Sachkunde gemachten Wahrnehmungen zum vergangenen und gegenwärtigen Zustand und Verhalten der untergebrachten Person verlangt.[24] So sind nicht nur die Beobachtungen, die ohne besondere Sachkunde erfolgten, dem Zeugenbeweis zuzuordnen, sondern über § 85 StPO auch diejenigen, deren Wahrnehmung eine besondere Sachkunde erfordert. Dem entspricht es, dass nach der Untersuchung von *Kunz* der Hauptanteil gutachterlicher Stellungnahmen auf Darstellungen zum Behandlungsverlauf im aktuellen und früheren Berichtszeiträumen entfällt.[25] Im Vordergrund stehen Ausführungen zur Behandlung, zu Lockerungen und auffälligem Verhalten. Der prognostische Abschnitt, der zu wesentlichen Teilen aus einer Beschreibung der (therapeutischen) Maßnahmen, der Medikamentengabe und der Symptomatik („Behandlungsprognose") sowie Angaben zu einem potenziellen Empfangsraum und familiären Bindungen („Sozialprognose") besteht, nimmt demgegenüber weniger Raum ein. Kürzer halten sich auch die Ausführungen zur „Legalprognose" – insbesondere die Beschreibung der zu erwartenden Taten und der konkreten Wahrscheinlichkeit blieb bei ein bis zwei Sätzen. Allerdings darf dies nicht den Blick dafür verstellen, dass es in aller Regel nicht die geschilderten Tatsachen und Zustände sind, die maßgeblich für die Entscheidung des Gerichts sind, sondern die auf der Prognosestellung basierende konkrete Empfehlung der Maßregelvollzugseinrichtung zur Nicht-/Entlassung, die auf einer wissenschaftlich fundierten

[22] Siehe Schmitt/Köhler/*Schmitt* StPO § 85 Rn. 3; Löwe/Rosenberg/*Krause*, StPO Online, § 85 Rn. 11.

[23] Vgl. Schmitt/Köhler/*Schmitt* StPO § 85 Rn. 3.

[24] Zur Erfassung auch gegenwärtiger Tatsachen und Zustände vgl. Schmitt/Köhler/*Schmitt* StPO § 85 Rn. 2; Löwe/Rosenberg/*Krause*, StPO Online, § 85 Rn. 9.

[25] Siehe (auch zu den folgenden Ergebnissen) *Kunz*, Die Unterbringung in einem psychiatrischen Krankenhaus gemäß § 63 StGB, S. 292 ff.

Einschätzung beruht.[26] Dies könnte eine zusätzliche Vernehmung des Bezugstherapeuten als Sachverständiger erforderlich machen. Angezeigt ist dies – wie auch die Rspr. betont – nicht schon dann, wenn sich ein Zeuge gutachterlich äußert. Ausschlaggebend ist vielmehr, ob die Wahrnehmungen der Beweisperson hinter den aus diesen fachkundig gezogenen Schlussfolgerungen zurücktreten.[27] Entscheidend ist demnach, ob sich die konkrete gutachterliche Stellungnahme schwerpunktmäßig auf (mit besonderer Sachkunde erfolgte) Wahrnehmungen der Bezugstherapeuten in und außerhalb der Therapie bezieht oder ob bspw. die Art und Weise der Diagnosestellung oder auch die Prognosestellung im Vordergrund steht. Nur in letzterem Fall wäre eine zusätzliche Vernehmung (und Vergütung) als sachverständige Person erforderlich. Ob allerdings unparteiische sachverständige Aussagen von einer Person verlangt werden können, die teils jahrelange mit der Behandlung der untergebrachten Person betraut ist (§ 79 Abs. 2 StPO), ist eine andere Frage, die abermals erhebliche Bedenken auslöst.[28] Vieles spricht jedenfalls dafür, die prozessualen Regeln für (sachverständige) Zeugen auf die gutachterliche Stellungnahme anzuwenden. Dennoch werden im Folgenden auch die für den Sachverständigenbeweis relevanten Vorschriften berücksichtigt.

II. Strafprozessuale Offenbarungspflicht und Aussage- bzw. Gutachtenverweigerungsrechte

Mit Blick auf eine potenzielle prozessuale Offenbarungspflicht bzw. ein prozessuales Schweigerecht für Bezugstherapeuten ergeben sich aus der prozessrechtlichen Eiordnung keine Unterschiede. Denn aus der allgemeinen Zeugnispflicht bzw. Begutachtungspflicht des § 48 Abs. 1 S. 2 StPO[29] bzw. § 75 StPO fließt grundsätzlich eine entsprechende Offenbarungspflicht – auch bezogen auf Geheimnisse i. S. d. § 203 StGB,[30] die dazu führt, dass ein Offenbaren im Verfahren nicht unbefugt

---

[26] Siehe hierzu oben unter Kap. 2 B. Eine bloße Meinungsäußerung („Wir halten eine Entlassung noch nicht für verantwortbar") fällt dagegen nicht unter den Zeugen- bzw. Sachverständigenbeweis (siehe *Volckart/Grünebaum*, Maßregelvollzug, S. 259; *Volckart* R & P 1990, 158, 159). Siehe auch oben unter Kap. 6 B I.

[27] Vgl. Schmitt/Köhler/*Schmitt* StPO § 85 Rn. 4; KK-StPO/*Hadamitzky* § 85 Rn. 4.

[28] Vgl. *Tondorf* StV 2000, 171 172. Eine Unparteilichkeit ablehnend und den irreführenden Zusatz „gutachterlich" zu streichen, fordert *Kunz*, Die Unterbringung in einem psychiatrischen Krankenhaus gemäß § 63 StGB, S. 73.

[29] Siehe zur notwendigen Aussagegenehmigung bei Angehörigen des öffentlichen Dienstes § 54 StPO sowie Fn. 1. Nach *Volckart* R & P 1990, 158, 161 werde stillschweigend davon ausgegangen, dass gegenüber der Vollstreckungsbehörde und der Strafvollstreckungskammer kein Vorbehalt der Aussagegenehmigung bestehe.

[30] Bevor ein Zeugnisverweigerungsrecht für Berufsgeheimnisträger verfahrensrechtlich normiert wurde, galt auch für diese die allgemeine Zeugenpflicht. Jede Offenbarung von strafrechtlich (nach dem damaligen § 300 Abs. 1 RStGB) geschützten Geheimissen im Prozess erfolgte demnach befugt und war durch die allgemeine Zeugenpflicht gerechtfertigt (vgl. *Vahlenkamp*, Ärztliche Schweigepflicht im Strafverfahren, S. 66 m. w. N.).

erfolgt. Allerdings haben Bezugstherapeuten regelmäßig nicht nur die Schweigepflicht aus § 203 StGB, sondern – vorausgesetzt sie sind als Arzt oder psychologischer Psychotherapeut approbiert[31] – auch ein korrespondierendes prozessuales Schweigerecht aus §§ 53 Abs. 1 Nr. 3, 53a StPO bzw. § 76 StPO. Eine Offenbarungspflicht besteht in diesen Fällen nicht. Sozialpädagogen steht nach § 53 StPO grundsätzlich kein Zeugnisverweigerungsrecht zu, obwohl sie der Geheimhaltungspflicht des § 203 StGB unterliegen (eine Ausnahme gilt dann, wenn sie unter § 53 Abs. 1 Nr. 3a, 3b oder § 53a StPO fallen).[32] Das BVerfG erkennt allerdings in Ausnahmefällen eine unmittelbar aus der Verfassung (Art. 2 Abs. 1 i. V. m. Art. 1 Abs. 1 GG) fließende Begrenzung des Zeugniszwangs an.[33] Dies gilt auch im vollstreckungsrechtlichen Freibeweisverfahren vor der Strafvollstreckungskammer –[34] und auch unabhängig davon, ob die Auskunftsperson in der Hauptverhandlung mündlich gehört oder von ihr schriftliche oder telefonische Auskünfte eingeholt werden.[35] Im Gegensatz zur absolut geltenden (abgesehen von Durchbrechungen durch besondere Offenbarungspflichten) Schweigepflicht liegt die Entscheidung, von dieser Schweigebefugnis Gebrauch zu machen oder nicht, bei der schweigeberechtigten Person – und zwar selbst dann, wenn sie sich durch ihre Angaben nach § 203 Abs. 1 Nr. 1 StGB strafbar machen würde.[36] Möchte ein schweigepflichtiger Arzt oder Therapeut, der nach § 53 StPO das Zeugnis verweigern kann, aussagen, zugleich aber nicht gegen die Schweigepflicht verstoßen, bedarf es eines besonderen Rechtfertigungsgrundes. Eine Pflicht zur Aussage besteht dagegen, wenn die untergebrachte Person den Bezugstherapeuten wirksam von der Verschwiegenheitspflicht entbunden hat (§ 53 Abs. 2 StPO);[37] das Offenbaren wäre hier schon aufgrund der Einwilligung befugt. Inhaltlich decken sich die materielle Schweigepflicht und das prozessuale Schweigerecht nicht. So besteht das Zeugnisverweigerungsrecht unabhängig davon, ob eine Tatsache geheim ist (§ 203 StGB), solange sie dem Therapeuten bei seiner Berufsausübung anvertraut oder be-

---

[31] Zu recht kritisch zu diesem Wertungswiderspruch zu § 203 StGB *Volckart/Grünebaum*, Maßregelvollzug, S. 259.

[32] Vgl. BVerfG NJW 1972, 2214; 1988, 2945. Eine Einbeziehung fordernd *Riekenbrauk* in Cornel u. a. (Hrsg.), Resozialisierung, S. 557, 578, 581.

[33] Vgl. BVerfG NJW 1972, 2214. Siehe hierzu *Riekenbrauk* in Cornel u. a. (Hrsg.), Resozialisierung, S. 557, 580 f.

[34] Vgl. *Werning*, in Burhoff/Kotz (Hrsg.), Handbuch für die strafrechtliche Nachsorge, Teil C Rn. 67; *Dallmeyer* in Alsberg, Der Beweisantrag im Strafprozess, Kap. 2 B Rn. 126; *Volckart* R & P 1988, 9.

[35] Vgl. *Dallmeyer* in Alsberg, Der Beweisantrag im Strafprozess, Kap. 2 B Rn. 126.

[36] Vgl. BGH medstra 2018, 292. Zur Verwertbarkeit einer Aussage, mit der sich ein schweigepflichtiger Arzt bzw. Therapeut nach § 203 StGB strafbar macht, siehe *Ulsenheimer/Gaede* in dies. (Hrsg.), Arztstrafrecht in der Praxis, Rn. 1110.

[37] Siehe *Pollähne* in Pollähne/Rode (Hrsg.), Schweigepflicht und Datenschutz, S. 5, 10; MüKoStGB/*Cierniak/Niehaus* § 203 Rn. 96.

kannt geworden ist.[38] Wie bei der Bestimmung des Geheimnisbegriffs[39] gilt es aber auch hier die Besonderheiten des Maßregelvollzugs mit Blick auf die Rollendiffusion der Ärzte und Therapeuten zu berücksichtigen. Aus der Doppelrolle des behandelnden Personals ergibt sich entsprechend auch hier die Konsequenz, dass sich das Zeugnisverweigerungsrecht allein auf Tatsachen bezieht, die aus den eigentlichen ärztlichen Behandlungsaufgaben entstammen und nicht nur im Rahmen von Ordnungsaufgaben bekannt geworden sind.[40]

Teilweise wird davon ausgegangen, dass das prozessuale Schweigerecht in der hier diskutierten Situation für Bezugstherapeuten im Maßregelvollzug weitergehend durchbrochen werde.[41] Für eine solche Durchbrechung bedürfte es allerdings entsprechende Bestimmungen in der StPO, die nicht existieren.[42] Besteht dagegen, insbesondere mangels entsprechender Approbation des Bezugstherapeuten, kein Zeugnisverweigerungsrecht nach § 53 StPO, zwingt ihn die allgemeine Zeugenpflicht des § 48 Abs. 1 S. 2 StPO zur Aussage. In diesen Fällen erfolgt die Offenbarung nicht unbefugt.[43]

---

[38] Siehe hierzu und zu weiteren Unterschieden zu § 203 StGB MüKoStPO/*Kreicker* § 53 Rn. 30. Siehe auch *Volckart* R & P 1996, 187, 190 f.

[39] Siehe oben unter Kap. 4 A.

[40] Vgl. *Volckart/Grünebaum*, Maßregelvollzug, S. 259 f.; *Volckart* R & P 1990 158, 160; *Schöch* in FS H.-L. Schreiber, S. 437, 440; *Waider* R & P 2006, 65, 67.

[41] Siehe die sogenannten *Sankelmarker*-Thesen bei *Beier/Hinrichs* in dies. (Hrsg.), Psychotherapie mit Straffälligen, S. 158, 163; siehe auch das Ergebnis der Umfrage in einer interdisziplinären Arbeitsgruppe bei *Geyer* u. a. NStZ 2017, 185, 191. Die Befragten neigen dazu, eine Entscheidung des BGH aus dem Jahr 2001 (NStZ 2002, 214; jüngst bestätigt durch NStZ 2025, 497) zur einstweiligen Unterbringung nach § 126a StPO, nach der auf Grund der einstweiligen Unterbringung weder die Schweigepflicht noch ein Aussageverweigerungsrecht des Stationsarztes bestünde, auf § 63 StGB zu übertragen.

[42] Vgl. *Volckart/Grünebaum*, Maßregelvollzug, S. 259; *Volckart* R & P 1990, 158, 163.

[43] Vgl. MüKoStPO/*Kreicker* § 53 Rn. 30 m. w. N.

Kapitel 7: Landesrechtliche Offenbarungspflichten und -befugnisse

Auch das Landesrecht sieht Offenbarungspflichten und -befugnisse vor, die eine Offenbarung von Geheimnissen legitimieren könnten.[1] Dabei sind die landesrechtlichen Regelungen zur Mitwirkung an gerichtlichen Nicht-/Fortdauerentscheidungen von den (zum Teil bereichsspezifischen) datenschutzrechtlichen Befugnisnormen zur Datenübermittlung zu unterscheiden.

A. Mitwirkungspflicht an gerichtlichen Nicht-/ Fortdauerentscheidungen

In der überwiegenden Zahl der Bundesländer existieren Vorschriften, die die Maßregelvollzugseinrichtung verpflichten, an den vollstreckungsrechtlichen Nicht-/ Fortdauerentscheidungen mitzuwirken bzw. diese anzuregen. Dabei greift die Unterrichtungs- bzw. Anregungspflicht in aller Regel erst zu dem Zeitpunkt ein, zu dem aus Sicht der Maßregelvollzugseinrichtung die Voraussetzungen für eine Aussetzung der Vollstreckung zur Bewährung oder eine Erledigung der Maßregel vorliegen (Art. 35 Abs. 1 S. 2 BayMRVG; § 58 Abs. 7 S. 1 PsychKG Bln; § 50 Abs. 1 BbgPsychKG;[2] § 82 BremPsychkG;[3] § 27 HmbMVollzG; § 47 Abs. 11 S. 2 PsychKG

[1] Zur Frage, ob sich landesrechtliche Vorschriften kompetenzrechtlich zur Durchbrechung bundesrechtlich bestimmter Strafbarkeit eignen siehe unten unter Kap. 7 B. V. 1.

[2] Gesetz über Hilfen und Schutzmaßnahmen bei psychischen Krankheiten vom 17.06.2016 (GVBl. 2016, S. 336).

[3] Bremisches Gesetz über Hilfen und Schutzmaßnahmen bei psychischen Krankheiten vom 13.12.2022 (BremGBl. 2022, S. 901).

K. Neßeler, *Gutachterliche Stellungnahmen in der Maßregelvollstreckung (§ 63 StGB)*, MedR Schriftenreihe Medizinrecht,
https://doi.org/10.1007/978-3-662-73984-6_7

M–V;[4] § 16 Abs. 1 Nds. MVollzG; § 5 Abs. 1 S. 1 StrUG NRW; § 16 Abs. 1 S. 1 MVollzG RP; § 13 Abs. 1 S. 1 und 2 MRVG SL; § 35 S. 1 MVollzG SH).[5] Es scheint naheliegend, dass dabei zur Begründung auch unter den Geheimnisschutz fallende Tatsachen preisgegeben werden (sollen). Gesetzlich bestimmt wird dies allerdings genauso wenig wie eine Durchbrechung des Geheimnisschutzes. Allein in Rheinland-Pfalz regelt § 16 Abs. 1 S. 1 MVollzG RP, dass die Einrichtung der Vollstreckungsbehörde wesentliche Änderungen des Zustands der untergebrachten Person, die Anlass für eine gerichtliche Überprüfung der Unterbringungsanordnung geben können, mitteilt. Gleiches wird für § 5 Abs. 1 S. 1 StrUG NRW in den Gesetzesmaterialien formuliert.[6] § 13 Abs. 1 S. 2 MRVG SL soll sich nach dem Gesetzgeber auf alle Informationen beziehen, die für die Beendigung der Unterbringung wesentlich sein können.[7] Letztlich könnten die hier referierten Ermächtigungsnormen aber ohnehin nur zu den Zeitpunkten eine potenzielle Offenbarungspflicht bieten, zu denen aus Sicht der Maßregelvollzugseinrichtung die Entlassungsvoraussetzungen erfüllt sind. Jährlich abzugebende Stellungnahmen können hierdurch nicht legitimiert werden. Etwas anders gestaltet sich die diesbezügliche Rechtslage dagegen in Bayern und Berlin.

I. Bayern: Verpflichtung zur regelmäßigen Abgabe einer gutachterlichen Stellungnahme

Eine regelmäßige Mitwirkungspflicht sieht Bayern in Art. 35 Abs. 3 BayMRVG[8] vor. Danach übermittelt die Maßregelvollzugseinrichtung auf Aufforderung der Staatsanwaltschaft eine gutachterliche Stellungnahme zur Vorbereitung der gerichtlichen Fortdauerentscheidungen. Die (nunmehr mit § 463 Abs. 4 S. 1 StPO korres-

[4] Die versteckte Regelung statuiert eine Unterrichtungs- und so Übermittlungsbefugnis (vgl. LT M–V Drs. 6/5185, S. 74) des behandelnden Personals gegenüber der Maßregelvollzugseinrichtung, dem Gericht und der Strafvollstreckungskammer für den Fall, dass eine medizinische Behandlung nicht mehr notwendig ist (oder medizinische Anordnungen von Menschen mit psychischen Krankheiten nicht eingehalten werden). Ist eine Behandlung nicht mehr erforderlich, dürfte der der Unterbringung zugrunde liegende Zustand weggefallen und die Voraussetzungen der Erledigung der Unterbringung nach § 67d Abs. 6 StGB eingetreten sein. Aufgrund der Regelungssystematik und des Wortlauts (§ 47 Abs. 11 S. 1 PsychKG MV verweist u. a. auf die Verarbeitung von Gesundheitsdaten in Absatz 2. Absatz 11 S. 2 wird eingeleitet durch „Darüber hinaus“) ist davon auszugehen, dass auch Gesundheitsdaten übermittelt werden dürfen.

[5] Keine entsprechenden Regelungen finden sich in Hessen, Mecklenburg-Vorpommern, Sachsen, Sachsen-Anhalt und Thüringen.

[6] Landesregierung NRW, Entwurf eines Gesetzes zur Durchführung strafrechtsbezogener Unterbringungen in einem psychiatrischen Krankenhaus und einer Entziehungsanstalt in Nordrhein-Westfalen (Strafrechtsbezogenes Unterbringungsgesetz NRW) vom 17.09.2020, S. 52.

[7] Siehe LT SL Drs. 17/1333, S. 48.

[8] Gesetz über den Vollzug der Maßregeln der Besserung und Sicherung sowie der einstweiligen Unterbringung vom 17.07.2015 (GVBl. S. 222).

pondierende)[9] Mitwirkungspflicht der Maßregelvollzugseinrichtung hält das behandelnde Personal nach dem bayerischen Gesetzgeber dazu an, Stellungnahmen abzugeben, die „Ausführungen dazu enthalten [sein], ob und welche Art rechtswidrige Taten von dem Untergebrachten drohen, wie ausgeprägt das Maß der Gefährdung ist (Häufigkeit und Rückfallfrequenz), wie hoch die Wahrscheinlichkeit zukünftiger rechtswidriger Taten ist, durch welche Maßnahmen die Gefährlichkeit der untergebrachten Person (weiter) gemindert werden kann und inwieweit im Falle einer Aussetzung der Maßregel zur Bewährung im Rahmen der Führungsaufsicht Maßnahmen der Aufsicht und Hilfe (§§ 68a, 68b StGB) als weniger belastende Maßnahmen ausreichen können, um den Zweck der Maßregel zu erreichen."[10] Dabei soll die Stellungnahme zwischen einem bloßen „Arztbrief" und einem Sachverständigengutachten einzuordnen sein.[11] Insbesondere Letzteres weist darauf hin, dass auch medizinische bzw. therapeutische Belange Eingang in die Stellungnahmen finden sollen. Art. 35 Abs. 3 BayMRVG selbst regelt seinem Wortlaut nach aber weder die inhaltliche Reichweite der Stellungnahme noch eine Durchbrechung der bezugstherapeutischen Schweigepflicht. Möglicherweise schien dies, angesichts der eingangs geschilderten Praxis als überflüssig. Dennoch bietet die Norm eine vergleichsweise konkrete Befugnisnorm für die Maßregelvollzugseinrichtung.

II. Berlin: Besondere interne und externe Überprüfung

In Berlin regelt das PsychKG in § 58 Abs. 1 PsychKG Bln für die Maßregelvollzugseinrichtung selbst eine über die regelmäßige Fortschreibung des Behandlungs- und Eingliederungsplanes hinausgehende Verpflichtung, vor Ablauf von drei Jahren der Unterbringung besonders gründlich zu prüfen und zu dokumentieren, ob die weitere Vollstreckung noch erforderlich ist. § 58 Abs. 2 PsychKG Bln verpflichtet die Einrichtung weiter, vor Ablauf von drei Jahren nach der Beauftragung eines externen Sachverständigen durch das Vollstreckungsgericht ein externes Gutachten erstellen zu lassen oder alternativ eine ausführliche Stellungnahme des nicht mit der Behandlung der untergebrachten Person betrauten, in einer anderen Abteilung eingesetzten, therapeutischen Personals der Maßregelvollzugseinrichtung einzuholen.[12] Inhaltlich sollen sich diese nach § 58 Abs. 5 PsychKG Bln zum Zustand der untergebrachten Person äußern, aber auch zu den strukturellen Bedingungen, die die Behandlung und Wiedereingliederung fördern oder behindern.[13] Die Ergebnisse bei-

---

[9] Art. 35 Abs. 3 BayMRVG wurde vor der gesetzlichen Regelung der gutachterlichen Stellungnahme in § 463 Abs. 4 S. 1 StPO eingeführt; siehe Kap. 2 Fn. 6.

[10] LT Bay Drs. 17/4944, S. 56.

[11] Vgl. LT Bay Drs. 17/4944, S. 56.

[12] § 58 PsychKG Bln bezieht sich noch auf § 463 Abs. 4 S. 1 StPO a. F., wonach ein externes Gutachten nach jeweils fünf Jahren vollzogener Unterbringung durch das Vollstreckungsgericht einzuholen war.

[13] Siehe Abgeordnetenhaus Bln Drs. 17/2696, S. 122.

der – sowohl der Überprüfung nach § 58 Abs. 1 PsychKG Bln als auch der (externen) Begutachtung nach § 58 Abs. 2 PsychKG Bln – sind nach § 58 Abs. 6 PsychKG Bln jeweils verbunden mit einer eigenen Stellungnahme unverzüglich der Vollstreckungsbehörde mitzuteilen. Damit existiert in Berlin für spezielle (nicht jährliche) Überprüfungszeitpunkte eine Ermächtigungsnorm für die Übermittlung entsprechender Überprüfungsergebnisse. Ob und inwieweit durch § 58 Abs. 1, 6 PsychKG Bln und die dort bestimmte Ergebnismitteilungspflicht die bezugstherapeutische Schweigepflicht durchbrochen wird, ist allerdings nicht klar bestimmt.

B. Datenschutzrechtliche Befugnisregelungen

Wie weiter oben unter Kap. 5 B. II dargelegt werden im Rahmen therapeutischer Gespräche (sensible), personenbezogene Daten erhoben und gespeichert. Einige Länder sehen (zum Teil bereichsspezifische) datenschutzrechtliche Ermächtigungen zur Übermittlung derartiger Erkenntnisse von der Maßregelvollzugseinrichtung an das Vollstreckungsgericht vor. Das Auffinden einer solchen Offenbarungsbefugnis oder -pflicht ist in dem „Vorschriftendschungel"[14] des landesrechtlichen Datenschutzrechts allerdings – wie im Folgenden gezeigt wird – komplex und kann mancherorts nur mit gewissen Unsicherheiten erfolgen.[15] Zum besseren Verständnis werden zunächst die für die hier diskutierte Problematik relevanten Begriffsbestimmungen des Datenschutzrechts sowie das datenschutzrechtliche Regelungsgefüge mit Blick auf gutachterliche Stellungnahmen dargestellt.

I. Begriffsbestimmungen

Die überwiegenden Länder orientieren sich hinsichtlich der Begriffsbestimmungen an den Vorschriften auf europäischer Ebene – der JI-RiL[16] sowie der DS-GVO.[17] Der Begriff der Verarbeitung erfasst jeden Vorgang des Umgangs mit personenbezogenen

---

[14] *Dormis/Lottkus* FS 2024, 314.

[15] Nicht für alle Bundesländer sind die Gesetzgebungsmaterialien für die relevanten Vorschriften zugänglich. Zudem können Fragen teilweise nicht aufgrund der Gesetzesmaterialen beantwortet werden. Vgl. auch *Albers* in Pollähne/Rode (Hrsg.), Schweigepflicht und Datenschutz, S. 27, 36: „selbst Experten (hätten) Mühe [hätten], die Rechtslage zu verstehen".

[16] Richtlinie (EU) 2016/680 des Europäischen Parlaments und des Rates vom 27. April 2016 zum Schutz natürlicher Personen bei der Verarbeitung personenbezogener Daten durch die zuständigen Behörden zum Zwecke der Verhütung, Ermittlung, Aufdeckung oder Verfolgung von Straftaten oder der Strafvollstreckung sowie zum freien Datenverkehr und zur Aufhebung des Rahmenbeschlusses 2008/977/JI des Rates.

[17] Verordnung (EU) 2016/679 des Europäischen Parlaments und des Rates vom 27. April 2016 zum Schutz natürlicher Personen bei der Verarbeitung personenbezogener Daten, zum freien Datenverkehr und zur Aufhebung der Richtlinie 97/46/EG (Datenschutz-Grundverordnung).

Daten; erfasst sind damit insbesondere die Erhebung, Speicherung und Übermittlung.[18] Unter personenbezogenen Daten werden danach alle Informationen verstanden, die sich auf eine bekannte oder identifizierbare natürliche Person beziehen. Um überhaupt als taugliche Befugnisnorm mit Blick auf die drohende Strafbarkeit nach § 203 StGB und den Inhalt gutachterlicher Stellungnahmen in Betracht kommen zu können, muss sich die Offenbarungsbefugnis/-pflicht allerdings auf Geheimnisse bzw. den zum Teil sensiblen Inhalt gutachterlicher Stellungnahmen beziehen. In der Regel geht es hierbei nicht nur um solche gewöhnlichen personenbezogenen Daten, sondern darüber hinaus um besondere Kategorien personenbezogener Daten (sog. sensible oder besonders schutzwürdige Daten).[19] Unter letztere fallen Daten über die „rassische und ethnische Herkunft, politische Meinungen, religiöse oder weltanschauliche Überzeugungen oder die Gewerkschaftszugehörigkeit" sowie „die Verarbeitung von genetischen Daten, biometrischen Daten zur eindeutigen Identifizierung einer natürlichen Person, Gesundheitsdaten oder Daten zum Sexualleben oder der sexuellen Orientierung".[20] Gesundheitsdaten erfassen alle Daten, die sich auf den Gesundheitszustand einer betroffenen Person beziehen und aus denen Informationen über den früheren, gegenwärtigen und künftigen körperlichen oder geistigen Gesundheitszustand der betroffenen Person hervorgehen.[21]

II. Gesetzlicher Rahmen für das Auffinden einer Rechtsgrundlage

Die datenschutzrechtlichen Regelungen der Länder für den Maßregelvollzug sind (je nach Bundesland mehr oder weniger) lückenhaft, weshalb in der Regel die subsidiär geltenden Vorschriften zu identifizieren sind. Zum Teil helfen die Länderregelungen durch ausdrückliche Verweise auf die nachrangig heranzuziehenden Vorschriften, zum Teil müssen diese erst ermittelt werden.[22] Stets gehen dabei die bereichsspezifischen Regelungen der Maßregelvollzugsgesetze als speziellere vor; subsidiär greifen (sofern nicht der Maßregelvollzug aus deren Anwendungsbereich ausgenommen wurde) die Krankenhausgesetze (oder diesen vergleichbare Gesetze)

[18] Zur ausführlichen Begriffsbestimmung Art. 3 Nr. 2 JI-RiL, Art. 4 Nr. 2 DS-GVO.

[19] Zur Problematik, ob datenschutzrechtliche Befugnisnormen überhaupt das Offenbaren von Geheimnissen i. S. d. § 203 StGB legitimieren können siehe unten unter Kap. 7 B V. 2.

[20] Zu Recht wird darauf verwiesen, dass mit der Begriffsbestimmung nicht alle Angaben erfasst werden können, die dem Kernbereich zuzuordnen sind (*Abraham* HRRS 2019, 101, 104 f.; *Baier* FS 2019, 373, 378).

[21] Erwägungsgrund (24) der JI-RiL.

[22] So verweist bspw. § 53 Abs. 1 PsychKHG BW neben dem LKHG BW auf die allgemeinen datenschutzrechtlichen Bestimmungen. Nach den Gesetzesmaterialien sollen dies das LDSG BW und das BDSG sein (vgl. Sozialministerium BW, PsychKG – Regierungsentwurf, S. 109 (https://sozialministerium.baden-wuerttemberg.de/fileadmin/redaktion/m-sm/intern/downloads/Gesetzesentwuerfe/PsychKHG_Regierungsentwurf.pdf)).

der Länder.[23] Ergibt sich hieraus keine Rechtsgrundlage, gelten wiederum nachrangig die Datenschutzgesetze der Länder.[24] Nicht anwendbar ist dagegen das BDSG.[25] Nach § 1 Abs. 1 S. 1 Nr. 2 BDSG gilt das Gesetz zwar auch für öffentliche Stellen der Länder, allerdings nur, soweit der Datenschutz nicht durch Landesrecht geregelt ist und soweit sie Bundesrecht ausführen (lit. a) oder als Organe der Rechtspflege tätig werden und es sich nicht um Verwaltungsangelegenheiten handelt (lit. b). Die Durchführung des Maßregelvollzugs liegt allerdings allein bei Landesbehörden. Mittlerweile haben alle Länder eigene Vorschriften zum Vollzug der Maßregel nach § 63 StGB erlassen und führen insoweit Landes- und nicht Bundesrecht aus.[26] Auf europäischer Ebene fällt die Datenverarbeitung durch Maßregelvollzugseinrichtungen in den Anwendungsbereich der JI-RiL (Art. 2 Abs. 1 i. V. m. Art. 1 Abs. 1 JI-RiL).[27] Maßgeblich für die Abgrenzung zum Anwendungsbereich der DS-GVO sind dabei die Zwecke, die mit der fraglichen Verarbeitung verfolgt werden.[28] In der hier behandelten Konstellation sind dies solche der Maßregelvollstreckung, die vom Begriff der „Strafvollstreckung" i. S. d. Art. 1 Abs. 1 JI-RiL mitumfasst wird.[29] Maßgeblich für die Einordnung als „Strafe" im Sinne der JI-RiL ist, dass es sich um eine staatliche Reaktion auf Verstöße gegen strafrechtliche Bestimmungen handelt.[30] Teilweise wird die Anwendbarkeit der JI-RiL im Falle der Vollstreckung und des Vollzugs von Maßregeln aber auch auf den Aspekt „der Abwehr von Gefahren für die öffentliche Sicherheit" i. S. d. Art. 1 Abs. 1 JI-RiL gestützt.[31] Nicht anwendbar ist dementsprechend die DS-GVO (Art. 2 Abs. 2 lit. d) DS-GVO).[32] Inso-

---

[23] Vgl. *Goerdeler* R & P 2014, 129, 130; MRV-Recht/*Lesting* Rn. G 246.

[24] Siehe hierzu auch MRV-Recht/*Lesting* Rn. G 245 f.

[25] Bundesdatenschutzgesetz vom 30.06.2017 (BGBl. I, S. 2097). Einen Verweis auf das BDSG soll dennoch § 53 Abs. 1 PsychKHG BW enthalten (vgl. Sozialministerium BW, PsychKG – Regierungsentwurf, S. 109 (https://sozialministerium.baden-wuerttemberg.de/fileadmin/redaktion/m-sm/intern/downloads/Gesetzesentwuerfe/PsychKHG_Regierungsentwurf.pdf)).

[26] Zur Anwendbarkeit des BDSG auf den Strafvollzug siehe *Baier* ZD 2019 545, 550.

[27] Anders als die Vorschriften der DS-GVO, deren Regelungen in den Mitgliedsstaaten unmittelbare Anwendung finden, sind die Regelungen der JI-RiL erst in innerstaatliches Recht umzusetzen, das sich innerhalb deren Vorgaben halten muss. Auswirkungen hat die JI-RiL zudem insoweit, als sie zur Auslegung innerstaatlicher Regelungen heranzuziehen ist (siehe hierzu *Goerdeler* FS 2024 323).

[28] Vgl. *Wahl* in Schomburg/Lagodny, EU, III B 2a (JI-DS-RL), Rn. 2; Simitis/Hornung/Spieker/*Roßnagel* DS-GVO, Art. 2 Rn. 39.

[29] Vgl. *Goerdeler* FS 2024 323. Der Begriff der „Strafvollstreckung" wird europarechtlich zudem dahingehend ausgelegt, dass er – anders als im deutschen Recht üblich – als Bestandteil der Vollstreckung auch den (Maßregel-)Vollzug umfasst, vgl. *Goerdeler* FS 2024 323; StVollzG/*Goerdeler*, Teil III Rn. 10 sowie bspw. auch Bürgerschaft der Freien und Hansestadt Hamburg Drs. 21/12620, S. 2.

[30] Siehe BeckOK Strafvollzugsrecht NRW/*Kunze*, JVollzDSG, § 1 Rn. 5. Hinsichtlich des Vollzugs auch *Baier* ZD 2019, 545, 546.

[31] Siehe hierzu BeckOK Strafvollzug LSA/*Niehaus*, JVollzGB IV, § 1 Rn. 4.

[32] Zu deren Anwendbarkeit auf reine Verwaltungsaufgaben *Dormis/Lottkus* FS 2024, 314, 315. Siehe hierzu auch *Goerdeler* FS 2024 323.

weit sind die Anwendungsbereiche der DS-GVO und der JI-RiL derart aufeinander abgestimmt, dass die Sachverhalte, die von der JI-RiL erfasst sind, von Art. 2 Abs. 2 lit. d) DS-GVO ausgeschlossen sind.[33]

III. Die landesrechtlichen Datenschutzregelungen zur Übermittlung sensibler Daten

1. Erhebung bzw. Übermittlung sensibler Daten durch bzw. an die Maßregelvollzugseinrichtung

Eine Reihe von Ländern (Baden-Württemberg, Bremen, Hessen, Mecklenburg-Vorpommern, Nordrhein-Westfalen, Sachsen, Schleswig-Holstein, Thüringen) sieht im Rahmen ihrer Datenverarbeitungs- bzw. Datenschutzvorschriften eine Rechtsgrundlage für die Übermittlung bestimmter (auch sensibler) Angaben[34] von unterschiedlichen Stellen (insbesondere aber auch Berufsgeheimnisträgern und Gerichten) an die Maßregelvollzugseinrichtung bzw. eine Erhebungsermächtigung der Einrichtung bei diesen Stellen vor.[35] Mit Blick auf Berufsgeheimnisträger wird insoweit eine Offenbarungsbefugnis statuiert, wie keine Rechtsvorschriften außerhalb der allgemeinen Regelungen über die Berufs- und Amtsverschwiegenheit dies untersagen. Damit soll zum einen gewährleistet werden, dass der Maßregelvollzugseinrichtung alle notwendigen Informationen für eine zielgerichtete Behandlung zur Verfügung stehen,[36] und zum anderen die Verbindung von Strafverfahren und Unterbringung im Maßregelvollzug erreicht werden.[37] Ein entsprechender Datentrans-

[33] Vgl. Simitis/Hornung/Spieker/*Roßnagel* DS-GVO, Art. 2 Rn. 38.

[34] Im Gesetzestext genannt werden in der Regel Strafurteile, staatsanwaltliche Ermittlungssachverhalte, (ärztliche,) psychiatrische und psychologische Gutachten aus gerichtlichen oder staatsanwaltlichen Verfahren, der Lebenslauf und Angaben über die bisherige Entwicklung sowie Angaben über Krankheiten, Körperschäden und Verhaltensauffälligkeiten der betroffenen Person.

[35] § 53 Abs. 3 PsychKHG BW; § 97 Abs. 1 BremPsychKG; § 36 Abs. 3 HessMVollzG (durch Ärztinnen u. a. erhobene Angaben bzw. solche nach § 36 Abs. 1 Nr. 1 und Nr. 2 HessMVollzG, wozu auch Daten zu gegenwärtigen oder früheren Krankheiten, Körperschäden und Verhaltensauffälligkeiten [§ 36 Abs. 1 Nr. 2 HessMVollzG] zählen); § 47 Abs. 3 PsychKG M–V; § 38 Abs. 1 StrUG NRW (bei sensiblen Daten mit der zusätzlichen Voraussetzung der unbedingten Erforderlichkeit zur Aufgabenerfüllung); § 92 SächsPsychKHG; § 39 Abs. 1 S. 1 und S. 2 MVollzG SH (bei sensiblen Daten mit der zusätzlichen Voraussetzung der unbedingten Erforderlichkeit zur Aufgabenerfüllung); § 39 Abs. 3 ThürMRVG. Ähnlich auch § 87 Abs. 2 PsychKG Bln, der die Datenerhebung aus gutachterlichen Stellungnahmen aus den Akten gerichtlicher Verfahren durch die Maßregelvollzugseinrichtung erlaubt, soweit dies für den Zweck der Unterbringung erforderlich ist. Den Begriff „Daten“ verwendet dabei allein § 38 Abs. 1 StrUG NRW. In Schleswig-Holstein wird eine Verbindung zum Datenbegriff über § 39 Abs. 1 S. 2 MVollzG SH erreicht, der die Voraussetzung der unbedingten Erforderlichkeit für die Zweckerfüllung für besonders schutzwürdige Daten aufstellt.

[36] Siehe LT Brem. Drs. 10/1655, S. 93 sowie LT Thür Drs. 5/7580, S. 58.

[37] Siehe LT M–V Drs. 1/2196, S. 39 (zu § 43 a. F. PsychKG M–V).

fer in die umgekehrte Richtung von der Einrichtung an Gerichte ist dagegen dem Wortlaut nach nicht vorgesehen, sodass in diesen Vorschriften keine taugliche Rechtsgrundlage für die hier diskutierte Problematik gesehen werden kann.

2. Offenbarungspflicht unter Berufsgeheimnisträgern

Um eine zielgerichtete, gemeinsame und kontinuierliche Behandlung und Wiedereingliederung zu gewährleisten, sehen einzelne Länder (Berlin, Bremen, ähnlich auch Hessen[38] und gegenüber forensischen Ambulanzen auch Sachsen-Anhalt) eine Offenbarungspflicht für Berufsgeheimnisträger untereinander vor, soweit sie gleichzeitig oder nacheinander dieselbe Person behandeln.[39] Dabei richten sich die Ermächtigungsnormen direkt an Berufsgeheimnisträger und heben deren Schweigepflicht explizit auf. Denn grundsätzlich gilt die Schweigepflicht auch unter Berufsgeheimnisträgern.[40] Die Erlaubnisnorm des § 203 Abs. 3 StGB, unter deren Voraussetzungen ein Offenbaren als nicht unbefugt anzusehen wäre, erfasst nach Satz 1 Alt. 1 allein Personen, die eine „Gehilfen"-Stellung einnehmen und nicht funktionell gleichgestellt sind; Gleiches gilt für die unter die Alt. 2 fallenden Personen, die bei Geheimnisverpflichteten zur Vorbereitung auf ihren Beruf tätig sind.[41] Funktionell gleichgeordnete Berufsangehörige sind demnach nicht erfasst.[42] Anderes gilt auch dann nicht, soweit der Informationsfluss innerhalb einer Behörde verläuft. Zwar liegt nach § 203 Abs. 2 S. 2 2. Hs. StGB schon kein Offenbaren vor, wenn ein Geheimnis innerhalb einer Behörde im Rahmen einer ordnungsgemäßen Erledigung der betreffenden Angelegenheit auf dem Dienstweg zur Kenntnis eines zuständigen anderen Angehörigen der Behörde gebracht wird.[43] Anders ist dies allerdings in einem Fall – wie der hier diskutierten Konstellation – in dem der Amtsträger zugleich Inhaber einer speziellen, von der Behörde unabhängigen Vertrauensstellung i. S. d. § 203 Abs. 1 StGB ist und ihm in dieser, auf die Behörde nicht übertragbaren Eigenschaft fremde Geheimnisse anvertraut oder zugänglich gemacht werden.[44] Die Regelungen der einzelnen Bundesländer zur Offenbarung unter Berufsgeheimnisträgern greifen die Wirklichkeit der Be-

[38] Nach § 36 Abs. 3 HessMVollzG ist die Übermittlung sensibler Daten (siehe hierzu Kap. 7 Fn. 35) von und an Ärzte und behandelnde und betreuende Personen dann zugelassen, wenn diese zur Durchführung des Maßregelvollzugs benötigt werden, vgl. Hess. LT Drs. 19/1195, S. 19.

[39] § 85 Abs. 7 PsychKG Bln; § 96 S. 2 BremPsychKG; § 35 Abs. 3 MVollzG LSA. Siehe Abgeordnetenhaus Bln Drs. 17/2696 S. 152. Als Vorbild diente § 68a Abs. 8 StGB. Vgl. auch LT Brem. Drs. 10/1655, S. 92.

[40] Vgl. StVollzG/*Goerdeler*, Teil III Rn. 195 m. w. N.

[41] Siehe Fischer/*Fischer/Anstötz* § 203 StGB Rn. 41 f.

[42] Vgl. LK-StGB Online/*Hilgendorf* § 203 Rn. 73. § 203 Abs. 3 S. 2 StGB erfasst demgegenüber allein externe Dienstleister inklusive durch diese mittelbar einbezogene externe Personen (vgl. Fischer/*Fischer/Anstötz* § 203 StGB Rn. 44 ff.).

[43] Vgl. TK-StGB/*Eisele* § 203 Rn. 74; *Rogall* NStZ 1983, 1, 8.

[44] Siehe TK-StGB/*Eisele* § 203 Rn. 74; Fischer/*Fischer/Anstötz* § 203 Rn. 80, 81; *Schöch* in FS H.-L. Schreiber, S. 437, 442 f.; LK-StGB Online/*Hilgendorf* § 203 Rn. 211.

handlungssituation im Maßregelvollzug auf, die nicht durch eine idealtypisch individuelle Behandlungsbeziehung zwischen Therapeut und Patient gekennzeichnet ist. Vielmehr erfolgt die Behandlung durch ein (sich teilweise wechselndes) therapeutisches Behandlungsteam. Insoweit wird – unabhängig von den dargestellten landesrechtlichen Regelungen – teilweise darauf verwiesen, dass § 203 StGB einschränkend dahingehend auszulegen sei, dass innerhalb des Teams aus behandelnden Bezugstherapeuten (und auch gegenüber der Leitung der Klinik mit Blick auf bspw. Lockerungsentscheidungen) eine Befugnis zur Offenbarung gegeben sei.[45] Gegenüber allen anderen Personen (nicht-therapeutisches Personal, das mit der Behandlung des konkreten Untergebrachten betraut ist; therapeutisches Personal, das nicht zum Behandlungsteam des einzelnen Untergebrachten zählt), sei das therapeutische Behandlungsteam demgegenüber schweigepflichtig (außer es liegt eine wirksame Einwilligung des Betroffenen vor).[46] Richtigerweise bedürfte es allerdings für eine solche Offenbarung im therapeutischen Behandlungsteam eine Befugnisnorm,[47] weshalb die dargestellten landesrechtlichen Regelungen begrüßenswert sind.

Im Bereich der forensischen Ambulanzen wurde bereits mit § 68a Abs. 8 StGB auf Bundesebene ein Informationsaustausch zwischen verschiedenen Beteiligten normiert. Dies wird in Sachsen-Anhalt mit § 35 Abs. 3 MVollzG LSA aufgegriffen, der eine Offenbarungsbefugnis für Beschäftigte der Maßregelvollzugseinrichtung bezogen auf Geheimnisse i. S. v. § 203 StGB gegenüber einer forensischen Ambulanz vorsieht, soweit dies notwendig ist, um der untergebrachten Person zu helfen, nicht mehr straffällig zu werden.[48]

---

[45] Vgl. MRV-Recht/*Lindemann* Rn. D 57; *Volckart/Grünebaum*, Maßregelvollzug, S. 484. Siehe auch *Marx* GA 160, 173, der vor dem Hintergrund der schwierigen Ausgangsbedingungen im Vollzug zwischen verschiedenen Konstellationen der Einbindung der Behandler unterscheidet. Weitergehend wohl *Waider* in Pollähne/Rode (Hrsg.), Datenschutz und Schweigepflicht, S. 99, 108 f.; *Rohner* in Müller-Isberner u. a. (Hrsg.), Praxishandbuch Maßregelvollzug, S. 69, 109, die eine Offenbarung gegenüber dem gesamten Behandlungsteam zulassen möchten. Zur Untauglichkeit der mutmaßlichen Einwilligung der untergebrachten Person in diesem Zusammenhang vgl. *Volckart/Grünebaum*, Maßregelvollzug, S. 483 m. w. N.

[46] Zu den Konsequenzen für außerhalb des engen therapeutischen Behandlungsteams stattfindende Konferenzen sowie für Gruppentherapie siehe *Marx* GA 1983 160, 173 ff. bzw. 177, der eine umfassende Schweigepflicht auch für das nicht therapeutische Behandlungsteam fordert. Zur Schweigepflichtverletzung durch Offenbarung im Rahmen einer Supervision BayObLG R & P 1995, 39.

[47] Vgl. *Schöch* in FS H.-L. Schreiber, S. 437, 442 f., der eine analoge Anwendung der strafvollzugsrechtlichen Offenbarungspflichten vorschlägt. Ablehnend auch *Feil* R & P 2012, 191, 195, der eine Offenbarung im Behandlungsteam nur nach Aufklärung und Einwilligung zulassen will.

[48] In die entgegengesetzte Richtung regelt § 47 Abs. 11 S. 2 PsychKG MV den Informationsfluss, der eine Übermittlungsbefugnis (Vgl. LT M–V Drs. 6/5185, S. 74) für die behandelnde Person einer forensisch-psychiatrischen Ambulanz an die Maßregelvollzugseinrichtung, das Gericht oder die Strafvollstreckungskammer vorsieht und zwar für Fälle, in denen untergebrachte Personen medizinische Anordnungen nicht einhalten oder eine medizinische Behandlung nicht mehr erforderlich ist. Inwieweit hiervon auch sensible Daten erfasst sind, kann auf Grundlage der Gesetzesmaterialen nicht festgestellt werden.

IV. Datenschutzrechtliche Übermittlungsnormen zu Vollstreckungszwecken

Überwiegend sehen die Vorschriften der Länder auch Ermächtigungsnormen zur Übermittlung personenbezogener Daten zu Vollstreckungszwecken vor. Allerdings beschränken sich einige hiervon auf die Übermittlung gewöhnlicher personenbezogener Daten und erfassen gerade nicht besonders schutzwürdige Daten (Berlin, Brandenburg, Bremen, Mecklenburg-Vorpommern, Thüringen).[49] Im Übrigen sind die Vorschriften in den einzelnen Ländern derart individuell ausgestaltet, dass sich eine gemeinsame Darstellung nicht anbietet. Im Folgenden wird daher für jedes Bundesland eigens geprüft, ob eine geeignete Rechtsgrundlage für die Übermittlung sensibler Daten von der Maßregelvollzugseinrichtung an das Vollstreckungsgericht zu Vollstreckungszwecken vorhanden ist.

1. Baden-Württemberg

In Baden-Württemberg findet sich in Teil 4 des PsychKHG BW,[50] der die für den Maßregelvollzug relevanten Vorschriften enthält,[51] eine Norm (§ 53 PsychKHG BW), die sich mit datenschutzrechtlichen Aspekten befasst. Subsidiär gelten nach § 53 Abs. 1 PsychKHG BW die datenschutzrechtlichen Vorschriften des LKHG BW[52] sowie des LDSG BW und des BDSG.[53] In § 53 PsychKHG BW findet sich in Absatz 2 eine Ermächtigungsgrundlage für die Verarbeitung (Aufnahme, Speicherung und Weitergabe) von Daten durch die einzelnen Beteiligten[54] bei der Durchführung des Maßregelvollzug. Dabei werden gemäß dem Grundsatz der Zweckbindung die Zwecke der Datenverarbeitung ausdrücklich genannt mit der „Gewährung von Hilfen, für die ordnungsgemäße Unterbringung und Behandlung, einschließlich der staatlichen Aufsicht, und der Abwehr von Gefahren für die Sicherheit und das geordnete Zusammenleben in der Einrichtung, für Fahndungsmaßnahmen, für die Anschlussvollstreckung im Strafvollzug und für die Wiedereingliederung der Be-

[49] § 90 Abs. 1 Nr. 7 PsychKG Bln; § 64 Abs. 2 Nr. 4 BbgPsychKG; § 98 Abs. 1 Nr. 7 BremPsychKG; § 47 Abs. 1 PsychKG M–V i. V. m. § 4 Abs. 2 Nr. 2 LDSG M–V; § 39 Abs. 1 Nr. 1 ThürMRVG.

[50] Gesetz über Hilfen und Schutzmaßnahmen bei psychischen Krankheiten vom 25.11.2015 (GBl. 2014, S. 534).

[51] Für den Vollzug der Sicherungsverwahrung gelten dagegen §§ 27 ff. JVollzGB I BW.

[52] Landeskrankenhausgesetz Baden-Württemberg vom 29.11.2007 (GBl. 2008, S. 13).

[53] Vgl. Sozialministerium BW, PsychKG – Regierungsentwurf, S. 109 (https://sozialministerium.baden-wuerttemberg.de/fileadmin/redaktion/m-sm/intern/downloads/Gesetzesentwuerfe/PsychKHG_Regierungsentwurf.pdf). Siehe hierzu oben Kap. 7 Fn. 25.

[54] Nach dem Wortlaut sind dies „die Maßregelvollzugseinrichtungen, das Sozialministerium, die Strafvollstreckungsbehörden, die Träger der Bewährungshilfe, die forensischen Ambulanzen, die zuständigen Gerichte und andere beteiligte Behörden, wie insbesondere Polizeibehörden und [...] Strafvollzug“.

troffenen nach der Entlassung“. Allerdings bezieht sich die Vorschrift zum einen allein auf nicht sensible personenbezogene Daten, wie bspw. Fahndungsfotos, die Feststellung äußerer Merkmale sowie Kontaktadressen.[55] Zum anderen fällt – anders als die Erhebung der Daten im Rahmen therapeutischer Gespräche zur Behandlung – die Übermittlung einer gutachterlichen Stellungnahme zu Zwecken der Vollstreckung der Unterbringung nicht unter die dort geregelten Zwecke.[56] Die subsidiär zur Anwendung kommenden Vorschriften der §§ 43 ff. LKHG BW sehen keine einschlägige Rechtsgrundlage für die Übermittlung sensibler Daten an das Vollstreckungsgericht vor. In § 6 Abs. 1 Nr. 1 LDSG BW[57] findet sich zwar eine zweckändernde Übermittlungsermächtigung; allerdings nur bezogen auf gewöhnliche personenbezogene Daten und nicht zu Vollstreckungszwecken. § 12 LDSG BW enthält keine Ermächtigungsgrundlage zur Übermittlung sensibler Daten, sondern erstreckt ein Berufs- oder besonderes Amtsgeheimnis auf öffentliche Stellen, denen die Geheimnisse übermittelt werden.[58] Sensible Daten werden zudem von der sehr unbestimmt gefassten Generalklausel des § 17 S. 1 LDSG BW erfasst.[59] Danach ist die Verarbeitung besonderer Kategorien personenbezogener Daten zulässig, wenn jene aus Gründen eines erheblichen öffentlichen Interesses oder zur Abwehr einer erheblichen Gefahr für die öffentliche Sicherheit erforderlich ist und die Interessen der öffentlichen Stellen an der Datenverarbeitung die Interessen der betroffenen Person überwiegen. Nach dem Gesetzgeber sollen von der Norm sowohl die Zweckänderung als auch die Übermittlung erfasst sein,[60] um Regelungslücken in bereichsspezifischen Gesetzen auszufüllen.[61] Ob die Verarbeitung aus Gründen eines erheblichen öffentlichen Interesses im Fall der Übermittlung gutachterlicher Stellungnahmen erforderlich ist, ist angesichts der notwendigen restriktiven Auslegung der Norm zweifelhaft.[62] Das öffentliche Interesse muss im konkreten Fall von einem Gewicht sein, dass selbst die Verarbeitung sensibler Daten geboten ist, was bspw. dann angenommen werden könnte, wenn das Funktionieren des demokratischen Systems die Verarbeitung sensibler Daten, wie solche zur politischen Gesinnung des Betroffenen erforderlich macht.[63] Eine Anwendung auf die hier diskutierte Konstellation scheint danach nur schwer begründbar.

---

[55] Vgl. Sozialministerium BW, PsychKG – Regierungsentwurf, S. 109 (https://sozialministerium.baden-wuerttemberg.de/fileadmin/redaktion/m-sm/intern/downloads/Gesetzesentwuerfe/PsychKHG_Regierungsentwurf.pdf).

[56] Zu § 53 Abs. 3 PsychKHG BW siehe oben unter Kap. 7 B III. 1.

[57] Landesdatenschutzgesetz Baden-Württemberg vom 12.06.2018 (GBl. S. 173).

[58] Vgl. HK-LDSG BW/*Snowadsky* § 12 Rn. 3 f.

[59] Kritisch zu dieser unspezifischen Regelung HK-LDSG BW/*Debus* § 17 Rn. 4, 6.

[60] Vgl. LT BW Drs. 16/3930, S. 72.

[61] Vgl. HK-LDSG BW/*Debus* § 17 Rn. 10.

[62] Siehe hierzu HK-LDSG BW/*Debus* § 17 Rn. 20.

[63] Vgl. HK-LDSG BW/*Debus* § 17 Rn. 20. Siehe auch *Dochow* in ders. u. a., Datenschutz in der ärztlichen Praxis, S. 33, 45 f. zu Art. 9 Abs. 2 lit. g DS-GVO i. V. m. § 22 Abs. 1 Nr. 1 lit. d BDSG.

2. Bayern

Datenschutzrechtliche Aspekte des Maßregelvollzugs sind in Bayern in Art. 34 BayMRVG[64] normiert. Dort werden bestimmte Artikel des BayStVollzG für anwendbar erklärt, wobei die Vorschrift aber auch selbst gewisse Maßgaben für den Maßregelvollzug aufstellt. In Bayern regeln Art. 34 Nrn. 2 und 3 BayMRVG für welche Zwecke eine zweckändernde Datenverarbeitung zulässig ist, wobei Nr. 3 ausdrücklich die Verarbeitung von personenbezogenen Daten für andere Zwecke erlaubt, wenn dies zur Vorbereitung der Entscheidung über die Fortdauer der Unterbringung erforderlich ist. Allerdings bezieht sich die Regelung nicht auf sensible Daten. Eine Rechtsgrundlage halten dafür die nach Art. 34 BayMRVG anwendbaren Vorschriften des BayStVollzG in Art. 201 Abs. 4 S. 1 Nr. 3 Var. 1 Alt. 2 bereit. Danach ist die Verarbeitung sensibler Daten zulässig, wenn dies für Maßnahmen der (Straf-)Vollstreckung (unbedingt)[65] erforderlich[66] ist. Unter den Begriff der Verarbeitung soll dabei auch die Übermittlung an Gerichte für Vollstreckungsverfahren fallen.[67]

3. Berlin

Berlin hält in seinem PsychKG Bln[68] mit 18 Vorschriften zur Verarbeitung und zum Schutz personenbezogener Daten eine vergleichsweise breite Kodifizierung datenschutzrechtlicher Aspekte für den Maßregelvollzug bereit (§§ 84 ff.). Dabei wird in § 85 PsychKG Bln unter anderem die Geltung des § 203 StGB im Maßregelvollzug

[64] Gesetz über den Vollzug der Maßregeln der Besserung und Sicherung sowie der einstweiligen Unterbringung vom 17.07.2015 (GVBl. S. 222).

[65] Nach den Gesetzgebungsmaterialen ist trotz des Wortlauts von dem Erfordernis *unbedingter Erforderlichkeit* auszugehen (LT Drs. 17/21687, S. 17). Siehe auch Arloth/Krä/*Arloth*, BayStVollzG, Art. 201 Rn. 4. Der Begriff der unbedingten Erforderlichkeit ist unbestimmt und wird dementsprechend unterschiedlich ausgelegt (siehe zu den unterschiedlichen Stimmen in Bezug auf § 48 Abs. 1 BDSG Gola/Heckmann/*Braun*, BDSG, § 48 Rn. 9, 10; nach Ansicht der Konferenz der unabhängigen Datenschutzbehörden des Bundes und der Länder könnten intensive Grundrechtseingriffe angesichts der Unbestimmtheit nicht auf § 48 Abs. 1 BDSG gestützt werden [Bundesministerium des Innern, für Bau und Heimat, Evaluierung des Gesetzes zur Anpassung des Datenschutzrechts an die Verordnung (EU) 2016/679 und zur Umsetzung der Richtlinie (EU) 2016/680, S. 91]. Die Unbestimmtheit des Begriffs legt nahe, zu fordern, dass kein anderes Mittel in Betracht kommen darf, siehe zu § 48 BDSG Simitis/Hornung/Spieker/*Thiel* DS-GVO, § 48 BDSG Rn. 6. Andere prüfen weniger streng, ob ohne unvertretbaren Aufwand bei strikter Beachtung der Verhältnismäßigkeit eine weniger eingriffsintensivere Maßnahme bereitsteht, vgl. *Laubenthal*, Strafvollzug, Rn. 1034; *Baier* FS 2019, 373, 368 m. w. N.).

[66] Zur Bedeutung der „Erforderlichkeit" als datenschutzrechtliches Regelungselement BeckOK DatenschutzR/*Albers/Schimke*, BDSG, § 48 Rn. 21 ff.

[67] Vgl. auch Arloth/Krä/*Arloth*, BayStVollzG, Art. 201 Rn. 4. Siehe zu Art. 35 Abs. 3 BayMRVG oben unter Kap. 7 A. I.

[68] Gesetz über Hilfen und Schutzmaßnahmen bei psychischen Krankheiten vom 17.06.2016 (GVBl. 2016, S. 336).

klarstellt (Absatz 8) sowie die oben dargestellte Offenbarungspflicht für bestimmte Berufsgeheimnisträger untereinander statuiert,[69] die nach dem Vorbild des § 68a Abs. 8 StGB den für die Behandlung und Wiedereingliederung notwendigen Informationsfluss sicherstellen soll (Absätze 6 und 7).[70]

Eine spezielle Rechtsgrundlage für die Übermittlung erkennungsdienstlicher Daten an die Vollstreckungs- und Strafverfolgungsbehörden zu Zwecken der Fahndung und zur Festnahme einer entwichenen oder sich sonst ohne Erlaubnis außerhalb der Einrichtung aufhaltenden untergebrachten Person enthält das PsychKG Bln in § 86 Abs. 2. Vorgesehen ist zudem die Datenerhebung aus gutachterlichen Stellungnahmen aus den Akten gerichtlicher Verfahren durch die Maßregelvollzugseinrichtung, soweit dies für den Zweck der Unterbringung erforderlich ist (§ 87 Abs. 2 PsychKG Bln). Regelungen zur Datenübermittlung enthalten darüber hinaus die §§ 89 bis 94 PsychKG Bln. Dabei findet sich in § 90 Abs. 1 PsychKG Bln eine abschließende Rechtsgrundlage für die Übermittlung personenbezogener Daten an Stellen außerhalb der Einrichtung zu den dort genannten Zwecken, soweit keine Einwilligung der untergebrachten Person vorliegt.[71] Zu den abschließend genannten Zwecken, zu denen eine Datenübermittlung danach stattfinden darf (Nrn. 1–8), zählt auch die Wahrnehmung gesetzlicher Befugnisse der Einrichtung gegenüber der Vollstreckungsbehörde und der Strafvollstreckungskammer, § 90 Abs. 1 Nr. 7 Var. 1 bzw. 2 PsychKG Bln. Allerdings bezieht sich die Vorschrift nicht auf die in gutachterlichen Stellungnahmen enthaltenen sensiblen Daten, sondern lediglich auf gewöhnliche personenbezogene Daten. Eine Weitergabe solch sensibler Daten sieht allein § 93 Abs. 1 PsychKG Bln vor, der die Datenübermittlung an Sachverständige regelt. Die Vorschrift korrespondiert mit § 463 Abs. 4 S. 6 StPO (bzw. § 463 Abs. 4 S. 3 StPO a. F.), wonach externen Sachverständigen Einsicht in die Patientendaten des Krankenhauses über die untergebrachte Person zu gewähren ist, und statuiert eine entsprechende Offenbarungsbefugnis seitens der Maßregelvollzugseinrichtung.[72] Eine dementsprechende Offenbarungsbefugnis gegenüber dem Vollstreckungsgericht findet sich im PsychKG Bln allerdings nicht. Angesichts der Tatsache, dass hinsichtlich des Schutzes besonderer Kategorien personenbezogener Daten (§ 88 Abs. 2 PsychKG Bln) abschließend die Vorgaben des PsychKG Bln gelten sollen,[73] ist davon auszugehen, dass keine Rechtsgrundlage für die hier diskutierte Situation existiert.[74] Nun könnte man einwenden, dass die Vorschriften zu einem Zeitpunkt geschaffen wurden, zu dem die gutachterliche Stellungnahme gerade noch nicht in § 463 Abs. 4 StPO normiert war, deshalb nicht berücksichtigt werden konnte und so auch die gutachterliche Stellungnahme unter § 93 Abs. 1

[69] Siehe oben unter Kap. 7 B. III. 2.

[70] Siehe Abgeordnetenhaus Bln Drs. 17/2696 S. 152.

[71] Vgl. Abgeordnetenhaus Bln Drs. 17/2696 S. 154.

[72] Siehe Abgeordnetenhaus Bln Drs. 17/2696 S. 155.

[73] Vgl. Abgeordnetenhaus Bln Drs. 17/2696 S. 153.

[74] Nur subsidiär gelten nach § 84 PsychKG Bln das LDSG Bln (Berliner Datenschutzgesetz vom 17.12.1990, GVBl. 1991, S. 16, 54) sowie das Berliner Informationsfreiheitsgesetz (vom 15.10.1999, GVBl. S. 5619).

PsychKG Bln zu fassen sei.[75] Allerdings entsprach die jährliche Übermittlung einer solchen Stellungnahme bereits zum Zeitpunkt des Gesetzeserlasses gängiger Praxis. Zum anderen ändert dieser Aspekt nichts an dem Bedürfnis nach einer Rechtsgrundlage, die Zweck und Umfang des Eingriffs durch den Gesetzgeber bereichsspezifisch, präzise und normenklar festlegt.[76]

4. Brandenburg

Die acht Vorschriften im siebten Abschnitt des Brandenburgischen Psychisch-Kranken-Gesetzes (BbgPsychKG)[77] befassen sich mit dem Datenschutz im Vollzug der Maßregeln der Besserung und Sicherung. Der Abschnitt, der aus Klarstellungsgründen im Jahr 2019 in das BbgPsychKG aufgenommen wurde,[78] enthält in § 64 BbgPsychkG die zentrale Datenübermittlungsnorm für den Bereich des Maßregelvollzugs.[79] Eine Übermittlung für vollzugsfremde Zwecke ist dabei allein zu den in § 64 Abs. 2 Nrn. 1 bis 10 BbgPsychKG aufgelisteten Zwecken zulässig. Nach § 64 Abs. 2 Nr. 4 BbgPsychKG können personenbezogene Daten an öffentliche und nichtöffentliche Stellen übermittelt werden, wenn dies für Maßnahmen der Strafvollstreckung und strafvollstreckungsrechtliche Entscheidungen erforderlich ist. Unabhängig von der Frage, ob auch die Maßregelvollstreckung eingeschlossen ist, bezieht sich die Vorschrift allein auf gewöhnliche personenbezogene Daten.

Eine Rechtsgrundlage für die Übermittlung von Daten, die einem höheren Schutzbedarf unterliegen, enthält § 64 Abs. 4 BbgPsychKG (personenbezogene Daten, die im Rahmen einer Behandlungsmaßnahme oder gegenüber einer zur Verschwiegenheit gesetzlich verpflichteten Person zu sonstigen Zwecken ohne rechtliche Verpflichtung anvertraut worden sind). Danach ist eine Übermittlung oder sonstige Weitergabe solch sensibler Daten an andere Stellen nur zulässig mit Einwilligung der betroffenen Person sowie in Fällen, in denen dies zur Abwehr erheblicher Nachteile für das Gemeinwohl oder einer Gefahr für die öffentliche Sicherheit (§ 64 Abs. 2 Nr. 1 BbgPsychKG) oder zur Abwehr einer schwerwiegenden Beeinträchtigung der Rechte einer anderen Person erforderlich ist (§ 64 Abs. 2 Nr. 2 BbgPsychKG). Darüber hinaus ist gemäß § 64 Abs. 4 S. 3 BbgPsychKG eine Übermittlung sensibler Daten auch zur Verfolgung von Straftaten, die von § 138 StGB erfasst sind, zulässig. Eine entsprechende Ausnahme für Maßnahmen der Strafvollstreckung oder straf-

---

[75] Die jeweiligen Gesetzgebungsverfahren liefen zeitlich nahezu parallel. Das PsychKG Bln wurde am 17.06.2016 ausgefertigt und trat am 29.06.2016 in Kraft. Die Einholung einer gutachterlichen Stellungnahme durch die Strafvollstreckungskammer in § 463 Abs. 4 S. 1 StPO fand mit Gesetz vom 08.07.2016 Eingang in die StPO und ist seit 01.08.2016 in Kraft (siehe oben Kap. 2 Fn. 6).

[76] Siehe aber § 58 Abs. 1 und 6 PsychKG Bln. Hierzu siehe oben unter Kap. 7 B. III. 2.

[77] Gesetz über Hilfen und Schutzmaßnahmen sowie über den Vollzug gerichtlich angeordneter Unterbringung für psychisch kranke und seelisch behinderte Menschen im Land Brandenburg vom 05.05.2009 (GVBl. I/2009, S. 134).

[78] Vgl. LT Bbg Drs. 6/10692, S. 48.

[79] Siehe LT Bbg Drs. 6/11544, S. 208 ff.

vollstreckungsrechtliche Entscheidungen ist gerade nicht vorgesehen. Daneben regelt § 62 BbgPsychKG die Überlassung von Akten (Absatz 1) an u. a. die Strafvollstreckungsbehörden sowie die Einsicht in Krankenakten durch beauftrage Sachverständige (Absatz 2). Angesichts der Differenzierung zwischen Akten und Krankenakten ist eine Übermittlung sensibler Daten aus therapeutischen Gesprächen – wenn überhaupt –[80] als nur von Absatz 2 umfasst anzusehen. Subsidiär zu den Vorschriften des BbgPsychKG gilt das Brandenburgische Polizei-, Justizvollzugs- und Maßregelvollzugsdatenschutzgesetz (BbgPJMDSG;[81] § 60 BbgPsychKG), das selbst allerdings keine Ermächtigungsgrundlagen bereithält, sondern allein die allgemeinen, ressortübergreifenden und organisationsrechtlichen Anforderungen der JI-RiL umsetzt.[82] Eine Rechtsgrundlage für die Übermittlung gutachterlicher Stellungnahmen an das Vollstreckungsgericht ist demnach nicht ersichtlich.

5. Bremen

Auch Bremen hält mit zwölf Vorschriften zum Datenschutz in seinem PsychKG[83] eine vergleichsweise ausführliche Regelung datenschutzrechtlicher Aspekte des Maßregelvollzugs bereit. In Bezug auf die Weitergabe von Gesundheitsdaten ist das BremPsychkG dabei erstaunlich klar. „Eine Weitergabe von Gesundheitsdaten ist nur zulässig, wenn und soweit dies nach diesem Gesetz ausdrücklich erlaubt und zur Erfüllung der Aufgaben nach diesem Gesetz unerlässlich ist" (§ 92 S. 2 BremPsychKG). Neben der oben dargestellten Offenbarungspflicht unter Berufsgeheimnisträgern des § 96 BremPsychKG[84] sowie der Übermittlung auch sensibler Daten an die Maßregelvollzugseinrichtung nach § 97 Abs. 1 BremPsychKG[85] bestimmt § 98 Abs. 1 BremPsychKG als zentrale Datenübermittlungsvorschrift in einem abschließenden Katalog von zehn Nummern, unter welchen Voraussetzungen personenbezogene Daten auch ohne Einwilligung der untergebrachten Person an Dritte weitergegeben werden dürfen.[86] Absatz 1 Nr. 7 regelt dabei zwar die Übermittlung, wenn und solange diese erforderlich ist, im Rahmen der gesetzlich vorgesehenen Beteiligung von Gerichten (Var. 1) und Vollstreckungsbehörden (Var. 3). Erfasst ist aber auch hier nur die Übermittlung von nicht besonders schutz-

---

[80] Zum besonders geschützten „therapeutischen Kern", der nicht zu den eigentlichen Krankenakten gehört, *Volckart/Grünebaum*, Maßregelvollzug, S. 252.

[81] Gesetz zur Umsetzung der Richtlinie (EU) 2016/680 für die Verarbeitung personenbezogener Daten durch die Polizei sowie den Justiz- und Maßregelvollzug des Landes Brandenburg (Brandenburgisches Polizei-, Justizvollzugs- und Maßregelvollzugsdatenschutzgesetz) vom 19.06.2016 (GVBl. I/2019, Nr. 43, 2).

[82] Siehe hierzu LT Bbg Drs. 6/10692, Begründung S. 4.

[83] Bremisches Gesetz über Hilfen und Schutzmaßnahmen bei psychischen Krankheiten vom 13.12.2022 (BremGBl. 2022, S. 901).

[84] Siehe oben unter Kap. 7 B. III. 2.

[85] Siehe oben unter Kap. 7 B. III. 1.

[86] Vgl. LT Brem. Drs. 10/1655, S. 93.

bedürftigen, personenbezogenen Daten. Für die Übermittlung sensibler und insbesondere von Gesundheitsdaten an Dritte hält das Gesetz keine Rechtsgrundlage bereit. Nach § 90 BremPsychKG ergänzt bzw. konkretisiert das Gesetz die europarechtlichen Vorgaben der DS-GVO und das BremDSGVOAG.[87] Eine Rechtsgrundlage für die Übermittlung[88] gutachterlicher Stellungnahmen an das Vollstreckungsgericht könnte demnach in § 4 Abs. 2 i. V. m. Abs. 1 Nr. 3 BremDSGVOAG,[89] und i. V. m. Art. 9 Abs. 2 lit. f) DS-GVO gesehen werden. Dort wird die Verarbeitung sensibler Daten für zulässig erklärt, wenn dies zur Vollstreckung von Maßregeln der Besserung und Sicherung erforderlich ist.[90] Allerdings dürfte dem zweierlei entgegenstehen: Zum einen § 4 Abs. 3 S. 1 BremDSGVOAG. Danach ist die zweckändernde Verarbeitung personenbezogener Daten, die einem Berufsgeheimnis unterliegen, grundsätzlich nicht zulässig.[91] Eine Ausnahme hiervon besteht allein dann, wenn die zur Verschwiegenheit verpflichtete Person oder Stelle eingewilligt hat (§ 4 Abs. 3 S. 2 BremDSGVOAG). Zum anderen der einleitend genannte § 92 S. 2 BremPsychKG, der eine Weitergabe von Gesundheitsdaten nur dann als zulässig erachtet, wenn und soweit dies nach dem BremPsychKG ausdrücklich erlaubt und zur Erfüllung der Aufgaben des BremPsychKG unerlässlich ist. Letzteres spricht neben anderen Bedenken[92] auch dagegen § 11 Abs. 1 Nr. 2 BremDSGVOAG heranzuziehen. Danach ist eine Verarbeitung[93] sensibler Daten zulässig, soweit sie aus Gründen eines erheblichen öffentlichen Interesses zwingend erforderlich ist und soweit die Interessen des Verantwortlichen an der Datenverarbeitung die Interessen der betroffenen Person überwiegen.

6. Hamburg

Hamburg hat – wie Bayern – ein eigenes Maßregelvollzugsgesetz erlassen (HmbMVollzG).[94] Da es sich bei der Übermittlung sensibler Daten an das Vollstreckungsgericht nicht um eine Datenverarbeitung handelt, die für die

[87] Bremisches Ausführungsgesetz zur EU-Datenschutzgrundverordnung vom 08.05.2018 (GBl. 2018, S. 131).

[88] Erfasst sind nicht nur die Fälle der Weiterverarbeitung, sondern auch der Übermittlung an Dritte (vgl. LT Brem. Drs. 19/1501, S. 19).

[89] Anders als § 40 HmbMVollzG spricht § 4 BremDSGVOAG nur von „im Rahmen der Aufgabenerfüllung des Verantwortlichen“ und nicht von einer Erforderlichkeit für die Aufgabenerfüllung.

[90] Insoweit kann der Ausnahmetatbestand nach Art. 9 Abs. 2 lit. f) DS-GVO (Verarbeitung ist bei Handlungen der Gerichte im Rahmen ihrer justiziellen Tätigkeit erforderlich) angenommen werden.

[91] Vgl. LT Brem. Drs. 19/1501, S. 37.

[92] Wie § 17 S. 1 LDSG BW ist auch § 11 Abs. 1 Nr. 2 BremDSGVOAG sehr unbestimmt (siehe hierzu oben zu BW Kap. 7 B. IV. 1.).

[93] Zu der Frage, ob auch die Übermittlung erfasst sein soll, verhält sich der Gesetzentwurf nicht (LT Brem. Drs. 19/1501, S. 27).

[94] Gesetz über den Vollzug von Maßregeln der Besserung und Sicherung in einem psychiatrischen Krankenhaus oder einer Entziehungsanstalt (Hamburgisches Maßregelvollzugsgesetz – HmbMVollzG) vom 07.09.2007 (HmbGVBl. 2007, S. 301).

Aufgabenerfüllung des Maßregelvollzugs erforderlich ist,[95] ist maßgebliche Datenverarbeitungsvorschrift § 42 HmbMVollzG, der die Datenverarbeitung zu anderen Zwecken regelt. Nach dessen Absatz 2 S. 1 Nr. 1 und S. 2 dürfen personenbezogene Daten besonderer Kategorien durch Übermittlung an Dritte offengelegt werden, soweit dies unbedingt erforderlich ist zur Unterrichtung der Vollstreckungsbehörde (Var. 1) und der Strafvollstreckungskammer (Var. 2).[96]

7. Hessen

Auch in Hessen wurde ein eigenes Maßregelvollzugsgesetz erlassen. Ähnlich wie im bayerischen Regelwerk verweist § 36 HessMVollzG[97] in seinem Absatz 1 auf die anwendbaren datenschutzrechtlichen Vorschriften des HStVollzG,[98] wobei auch § 36 HessMVollzG gewisse Maßgaben für den Maßregelvollzug aufstellt, um dessen Besonderheiten gerecht zu werden.[99] Subsidiär hierzu gilt nach § 36 Abs. 1 S. 2 HessMVollzG das Hessische Datenschutz- und Informationsfreiheitsgesetz (HDSIG).[100] Die weiter oben erwähnte Übermittlungsnorm des § 36 Abs. 3 HessMVollzG[101] betrifft allein Datenweitergaben zur Durchführung des Maßregelvollzugs und ist nicht auf die hier diskutierte Konstellation im Rahmen der Maßregelvollstreckung anwendbar.[102] Die von dem Verweis des § 36 Abs. 1 HessMVollzG erfassten Vorschriften des HStVollzG sehen verschiedene Rechtsgrundlagen für die Übermittlung sensibler Daten vor. Eine Generalklausel für die Verarbeitung auch sensibler Daten enthält zunächst § 58 Abs. 1 S. 1 HStVollzG, wonach die Zulässigkeit – im Fall von personenbezogenen Daten besonderer Kategorien –[103] von deren

[95] Vgl. § 40 HmbMVollzG. Die Aufgaben des Maßregelvollzugs ergeben sich nach den Gesetzgebungsmaterialien aus § 2 HmbMVollzG (Bürgerschaft der Freien und Hansestadt Hamburg Drs. 21/12620, S. 10). Danach ist „vorrangige Aufgabe der Maßregelvollzugseinrichtung, die Entlassungsreife der untergebrachten Person herzustellen." (Bürgerschaft der Freien und Hansestadt Hamburg Drs. 18/5955, S. 18).

[96] Zum Begriff der „unbedingten Erforderlichkeit" siehe oben Kap. 7 Fn. 65.

[97] Gesetz über den Vollzug von Maßregeln der Besserung und Sicherung in einem psychiatrischen Krankenhaus und in einer Entziehungsanstalt vom 03.12.1981 (GVBl. I 1981, S. 414).

[98] Hessisches Strafvollzugsgesetz vom 28.06.2010 (GVBl. 2010 I, S. 185).

[99] Siehe hierzu Hess. LT Drs. 19/1195, S. 19: Die therapeutische Behandlung steht im Maßregelvollzug im Vordergrund.

[100] Hessisches Datenschutz- und Informationsfreiheitsgesetz (HDSIG) vom 03.05.2018 (GVBl. 2018, S. 82).

[101] Siehe hierzu oben unter Kap. 7 B. III. 1. und 2.

[102] § 36 Abs. 1 Nr. 2 HessMVollzG enthält selbst keine Rechtsgrundlage, sondern bestimmt, dass nach den Erhebungsnormen des HStVollzG auch Daten über gegenwärtige und frühere Erkrankungen, Körperschäden und Verhaltensauffälligkeiten der untergebrachten Person erhoben werden können, um die Grundlage für eine erfolgsversprechende Therapie zu schaffen (Hess. LT Drs. 19/1195, S. 19).

[103] Legaldefiniert in § 41 Nr. 15 HDSIG.

unbedingter Erforderlichkeit[104] für den Vollzug abhängig gemacht wird. Klargestellt wird hier aber zugleich, dass die Generalklausel nur dann Anwendung findet, wenn keine gesetzliche Spezialregelung für die konkrete Datenverarbeitung zur Verfügung steht. Ferner findet sich in § 58 Abs. 2 HStVollzG eine Rechtsgrundlage für die Verarbeitung bestimmter in den Nrn. 1–5 aufgezählter sensibler Daten ebenfalls zu vollzuglichen Zwecken und zur Aufrechterhaltung der medizinischen Versorgung und Gesundheitsfürsorge, wobei auch hier die Verarbeitung an das Erfordernis der unbedingten Erforderlichkeit geknüpft wurde. Bei der Übermittlung sensibler Daten im Rahmen einer gutachterlichen Stellungname an das Vollstreckungsgericht handelt es sich um eine zweckändernde Datenverarbeitung bzw. -übermittlung, für die das HStVollzG eine spezielle Rechtsgrundlage in § 60 Abs. 1 HStVollzG vorsieht, die insoweit der Verarbeitungsgeneralklausel des § 58 Abs. 1 HStVollzG vorgeht. § 60 Abs. 1 StVollzG knüpft die Zulässigkeit einer solchen Datenverarbeitung zunächst daran, dass ein Fall der §§ 20 bis 27 und 44 bis 45 HDSIG gegeben ist (hier: §§ 21 Abs. 1 Nr. 4, Abs. 2 HDSIG i. V. m. Art. 9 Abs. 2 lit. f DS-GVO bzw. § 20 Abs. 1 Nr. 4a) HDSIG – Verarbeitung besonderer Kategorien personenbezogener Daten zur Vollstreckung von Maßregeln der Besserung und Sicherung). Darüber hinaus lässt sich die Übermittlung sensibler Daten an das Vollstreckungsgericht auf die Regelbeispiele der Nr. 1 und Nr. 2 stützen. Nach § 36 Abs. 1 S. 1 HessMVollzG[105] i. V. m. § 60 Abs. 1 Nr. 1 HStVollzG i. V. m. § 40 Abs. 1 und 2 HDSIG ist eine zweckändernde Übermittlung sensibler Daten zulässig, soweit dies zur Vollstreckung der Maßregeln der Besserung und Sicherung unbedingt erforderlich ist. § 36 Abs. 1 S. 1 HessMVollzG i. V. m. § 60 Abs. 1 Nr. 2 HStVollzG bestimmt eine solche Übermittlung als zulässig, soweit dies in gerichtlichen Verfahren wegen Maßnahmen nach diesem Gesetz, worunter Maßnahmen der Vollstreckung und vollstreckungsrechtliche Entscheidungen fallen,[106] unbedingt erforderlich ist.[107] Das in § 58 Abs. 1 S. 3 Hs. 2 HStVollzG geregelte Verarbeitungsverbot zum Schutz

[104] Zum Begriff der „unbedingten Erforderlichkeit“ siehe oben Kap. 7 Fn. 65.

[105] Gesetz über den Vollzug von Maßregeln der Besserung und Sicherung in einem psychiatrischen Krankenhaus und in einer Entziehungsanstalt vom 03.12.1981 (GVBl. I 1981, S. 414).

[106] Siehe die Begründung zum insoweit gleichlautenden Gesetzestext des Hessischen Sicherungsverwahrungsvollzugsgesetzes vom 05.03.2013 (GVBl. 2013, S. 46), Hess. LT Drs. 18/6068 S. 101. Auch § 60 Abs. 1 HStVollzG i. V. m. §§ 21 Abs. 1 Nr. 4, Abs. 2 HDSIG (i. V. m. Art. 9 Abs. 2 lit. f DS-GVO bzw. § 20 Abs. 1 Nr. 4a) HDSIG) könnte als taugliche Rechtsgrundlage dienen. Zwar scheint dem das Übermittlungsverbot des § 60 Abs. 6 S. 1 i. V. m. § 61 Abs. 2 HStVollzG entgegenzustehen. Denn danach hat die Datenübermittlung zu unterbleiben, soweit die Daten dem besonderen Schutz des § 61 Abs. 2 und 3 HStVollzG unterstehen (der Schweigepflicht i. S. d. § 203 StGB unterliegende Daten). Eine Ausnahme dieses Übermittlungsverbots gilt nach § 60 Abs. 6 S. 2 HStVollzG allerdings für Fälle, in denen ein nach § 60 Abs. 1 Nr. 1 bis 3 HStVollzG zuständiges Gericht die Daten anfordert.

[107] Bei einer etwaigen Übermittlung ist § 36 Abs. 1 Nr. 5 HessMVollzG zu beachten, der für die Übersendung der Personalakte, (die im Fall des Maßregelvollzugs nicht von der die Anlasserkrankung betreffenden Krankenakte getrennt geführt wird, siehe § 36 Abs. 2 HessMVollzG) festschreibt, dass Daten, die dem § 203 StGB unterliegen, nur übermittelt werden dürfen, soweit sie für den Zweck des Empfängers erforderlich sind.

von Daten, die den Kernbereich privater Lebensgestaltung betreffen, ist nicht von dem Verweis in § 36 Abs. 1 HessMVollzG erfasst und somit nicht anwendbar.

8. Mecklenburg-Vorpommern

In Mecklenburg-Vorpommern ist der Maßregelvollzug im Psychischkrankengesetz (PsychKG M–V)[108] geregelt (§ 1 Nr. 3 lit. b) PsychKG M–V). Datenschutzrechtliche Bestimmungen finden sich insbesondere in den §§ 47 und 48 PsychKG M–V. Dabei enthält § 47 Abs. 2 PsychKG M–V[109] zwar eine umfassende Rechtsgrundlage für die Datenerhebung und -verarbeitung von Gesundheitsdaten[110] aller am Verfahren Beteiligter für die Zwecke der Gewährung von Hilfen, der ordnungsgemäßen Unterbringung und Behandlung einschließlich der staatlichen Aufsicht und der Abwehr von Gefahren, der Sicherheit und des geordneten Zusammenlebens in den Einrichtungen und der Wiedereingliederung nach der Entlassung. Allerdings fällt die Vollstreckung nicht unter die dort genannten Zwecke. Das ergänzend anzuwendende LKHG M–V[111] (§ 47 Abs. 1 PsychKG M–V) sieht keine spezielle Übermittlungsbefugnis für sensible Daten an das Vollstreckungsgericht vor.

§ 4 Abs. 2 Nr. 2 Var. 2 LDSG M–V[112] i. V. m. § 47 Abs. 1 PsychKG M–V, der eine zweckändernde Verarbeitung erlaubt, wenn dies zur Maßregelvollstreckung erforderlich ist, bezieht sich nicht auf besondere Kategorien personenbezogener Daten.[113] Darüber hinaus konstituiert § 4 Abs. 3 LDSG M–V ein Verbot für zweckändernde Verarbeitungen, wenn die personenbezogenen Daten einem besonderen Amts- oder Berufsgeheimnis unterliegen.[114] Für die Verarbeitung sensibler Daten sieht Teil 4 des LDSG M–V unter dem Titel „Besondere Verarbeitungssituationen" zwar verschiedene Rechtsgrundlagen[115] vor, die hier diskutierte Situation wird hiervon allerdings nicht erfasst.

---

[108] Gesetz über Hilfen und Schutzmaßnahmen für Menschen mit psychischen Krankheiten vom 14.07.2016 (GVOBl. 2016, S. 593).

[109] Zu § 47 Abs. 3 PsychKG M–V siehe oben unter Kap. 7 B. III. 1. Zu § 47 Abs. 11 S. 2 PsychKG M–V siehe oben Kap. 7 B. III. Eine weitere Datenübermittlungsvorschrift bezogen auf Gesundheitsdaten sieht § 47 Abs. 8 S. 1 und S. 2 PsychKG M–V vor. Danach können diese für die Erstellung eines ärztlichen, psychiatrischen oder psychologischen Gutachtens im Rahmen eines Verfahrens nach dem Betreuungsgesetz verwendet werden.

[110] Erfasst sind alle Angaben, welche die körperliche oder geistige Gesundheit einer Person betreffen (§ 47 Abs. 1 S. 1 PsychKG M–V i. V. m. § 3 LDSG M–V i. V. m. Art. 4 Nr. 15 DS-GVO).

[111] Krankenhausgesetz für das Land Mecklenburg-Vorpommern (Landeskrankenhausgesetz) vom 20.05.2011 (GVOBl. 2011, 327).

[112] Datenschutzgesetz für das Land Mecklenburg-Vorpommern (Landesdatenschutzgesetz) vom 22.05.2018 (GVOBl. 2018, S. 193).

[113] Siehe LT M–V Drs. 7/1568, S. 38.

[114] Vgl. LT M–V Drs. 7/1568, S. 39.

[115] § 9 LDSG M–V: Datenverarbeitung für die wissenschaftliche und historische Forschung; § 10 LDSG M–V: Datenverarbeitung bei Beschäftigungsverhältnissen; § 11 LDSG M–V: Videoüberwachung; § 12 LDSG M–V: Verarbeitung personenbezogener Daten zu Zwecken der freien

9. Niedersachsen

Der niedersächsische Gesetzgeber hat wiederum ein eigenes Maßregelvollzugsgesetz erlassen (Nds. MVollzG).[116] Vorschriften für den Datenschutz finden sich insbesondere in den §§ 21a bis 21c Nds. MVollzG, wobei § 21a Nds. MVollzG die Vorschriften der DS-GVO und des NDSG[117] für subsidiär anwendbar erklärt. Für besonders schutzwürdige Daten, die einem Berufsgeheimnis oder einem besonderen Amtsgeheimnis unterfallen, enthält § 21b Nds. MVollzG eine spezielle Vorschrift. Danach dürfen die Stellen, die Aufgaben nach dem Nds. MVollzG wahrnehmen, sensible Daten zur Erfüllung ihrer jeweiligen Aufgaben verarbeiten. Dabei soll die Ausnahmevorschrift nach dem Gesetzgeber die Erhebung, Nutzung und Speicherung von Gesundheitsdaten betroffener Personen vor und während der Therapie ermöglichen, um das Ziel des Maßregelvollzugs, die Heilung der untergebrachten Person, zu erreichen.[118] Zulässig soll die Verarbeitung besonders sensibler Daten allein für die Zwecke der medizinischen Diagnostik und der Versorgung oder Behandlung im Gesundheits- oder Sozialbereich sein.[119] Zwar umfasst der Begriff der Verarbeitung grundsätzlich auch die Datenübermittlung. Der sich aus den Gesetzesmaterialen ergebende Zweck der Vorschrift, die für die Behandlung der untergebrachten Person notwendigen Daten im Rahmen einer Therapie zu erheben, zu nutzen und zu speichern, spricht hier allerdings gegen eine solche Auslegung des Begriffs der Verarbeitung.[120] Für die Verarbeitung sensibler Daten zur Vollstreckung der Unterbringung sieht das Nds. MVollzG danach keine taugliche Ermächtigungsnorm vor. Da der Gesetzgeber mit § 21b Nds. MVollzG allein von der Ausnahmeregelung des Art. 9 Abs. 2 lit. h DS-GVO Gebrauch machen wollte, die Übermittlung zu Vollstreckungszwecken aber unter Art. 9 Abs. 2 lit. f DS-GVO („bei Handlungen der Gerichte im Rahmen ihrer justiziellen Tätigkeit erforderlich") fällt, ist anzunehmen, dass die Regelung nicht abschließender Natur und ein Rückgriff auf die subsidiär anzuwendenden Vorschriften möglich ist. Eine Rechtsgrundlage für die Verarbeitung sensibler Daten zu Vollstreckungszwecken sieht – unter der Voraussetzung der Erforderlichkeit – § 17 Abs. 1 Nr. 6 NDSG i. V. m. § 11 Abs. 1 Nr. 8 StGB vor.[121] Dabei ordnet § 17 Abs. 1 Nr. 6 NDSG anders als § 17 Abs. 1 Nr. 4 2. Hs. NDSG nicht ausdrücklich die Einhaltung der berufsrechtlichen und strafrechtlichen Vorgaben zur Wahrung des Berufsgeheimnisses an. Aufgrund der engen Orientie-

---

Meinungsäußerung und der Informationsfreiheit; § 13 LDSG M–V: Öffentliche Auszeichnungen und Ehrungen; § 14 LDSG M–V: Begnadigungsverfahren.

[116] Niedersächsisches Maßregelvollzugsgesetz (Nds. MVollzG) vom 01.06.1982 (GVBl. 1982, S. 131).

[117] Niedersächsisches Datenschutzgesetz vom 16.05.2018 (GVBl. 2018, S. 66).

[118] Siehe Nds. LT Drs. 18/548, S. 83.

[119] Siehe Nds. LT Drs. 18/548, S. 83.

[120] Vgl. Nds. LT Drs. 18/548, S. 83.

[121] Der Regelungsinhalt des § 17 Abs. 1 NDSG war im Gesetzesentwurf (Nds. LT Drs. 18/548) noch nicht enthalten, sondern wurde im Gesetzgebungsverfahren auf Vorlage des Ausschusses für Inneres und Sport in den Gesetzestext aufgenommen (Nds. LT Drs. 18/901, S. 5).

rung an den Vorgaben der DS-GVO ist auch die Übernahme deren Begriffsverständnis naheliegend,[122] wonach auch die Übermittlung sensibler Daten erfasst wäre.

10. Nordrhein-Westfalen

Nordrhein-Westfalen regelt den Maßregelvollzug in seinem jüngst erlassenen Gesetz zur Durchführung strafrechtsbezogener Unterbringungen in einem psychiatrischen Krankenhaus und einer Entziehungsanstalt in Nordrhein-Westfalen (Strafrechtsbezogenes Unterbringungsgesetz NRW – StrUG NRW).[123] In dessen sechsten Abschnitt finden sich elf Vorschriften zu Datenverarbeitung und Datenschutz. Für die Übermittlung sensibler Daten sieht § 38 Abs. 2 S. 1 Nr. 1, S. 2 StrUG NRW eine Ermächtigungsgrundlage vor, die es Maßregelvollzugseinrichtungen erlaubt, besondere Kategorien personenbezogener Daten[124] an Dritte zu übermitteln, wenn dies zur Unterrichtung der Strafvollstreckungsbehörde (Var. 1) oder des vollstreckenden Gerichts (Var. 3 Alt. 2) unbedingt erforderlich ist. § 38 Abs. 3 StrUG NRW normiert hierfür eigene Vorgaben zur Verhältnismäßigkeit des erfolgenden Eingriffs, wonach Datenübermittlungen zu anderen Zwecken als zur Durchführung der Unterbringung nur erfolgen dürfen, wenn der konkrete Übermittlungszweck in angemessenem Verhältnis zu der Art der Eingriffsintensität der Erhebungsform und der Art der erhobenen personenbezogenen Daten steht (§ 38 Abs. 3 S. 1 StrUG NRW). In der Regel soll dies aber der Fall sein, wenn die Übermittlung zu Zwecken nach § 38 Abs. 2 StrUG NRW erfolgt (§ 38 Abs. 3 S. 2 StrUG NRW).

11. Rheinland-Pfalz

In Rheinland-Pfalz ist die Durchführung der Unterbringung nach § 63 StGB in einem eigenen Maßregelvollzugsgesetz (MVollzG RP) geregelt.[125] Betreffend die Mitteilung sensibler Daten über die untergebrachte Person enthält zunächst § 41 Abs. 2 MVollzG RP für von der Einrichtung beauftragte externe Sachverständige ein Einsichtsrecht in die zu der untergebrachten Person geführten Akten der Einrichtung unabhängig von einer Entbindung von der Schweigepflicht.[126] Die Voraussetzungen für eine anderweitige Übermittlung personenbezogener Daten regelt § 42 Abs. 2 MVollzG RP. Nach dessen Nr. 1 lit. d) ist eine Übermittlung zulässig, soweit sie zur Durchführung eines mit der Unterbringung zusammenhängenden gericht-

[122] Vgl. Nds. LT Drs. 18/901, S. 5.

[123] Gesetz zur Durchführung strafrechtsbezogener Unterbringungen in einem psychiatrischen Krankenhaus und einer Entziehungsanstalt in Nordrhein-Westfalen (Strafrechtsbezogenes Unterbringungsgesetz NRW) vom 17.12.2021 (GV. NRW 2021, S. 1494). Das StrUG NRW löste das zuvor geltende Maßregelvollzugsgesetz NRW vom 15.06.1999 (GV. NRW S. 402) ab.

[124] Legaldefiniert in § 36 Nr. 18 DSG NRW.

[125] Landesgesetz über den Vollzug freiheitsentziehender Maßregeln (Maßregelvollzugsgesetz – MVollzG –) vom 22.12.2015 (Neufassung, GVBl. 2015, S. 487).

[126] Vgl. LT RP Drs. 16/5254, S. 56.

lichen Verfahrens erforderlich ist. Hierbei sind zunächst nur gewöhnliche personenbezogene Daten erfasst. Eine Erweiterung erfährt die Übermittlungsgrundlage aber durch § 42 Abs. 4 S. 2 MVollzG RP, wonach als Geheimnis anvertraute personenbezogene Daten nur in den Fällen des Abs. 2 S. 1 Nr. 1 lit. a) (zur Erfüllung einer gesetzlich vorgeschriebenen Behandlungs-, Sicherungs- und Mitteilungspflicht) oder lit. c) (zur Abwehr von Gefahren für das Leben, die Gesundheit oder die persönliche Freiheit der betroffenen Person oder einer dritten Person) oder S. 2 (mit Einwilligung der betroffenen Person) übermittelt werden dürfen.[127] Dagegen ist der Transfer sensibler Daten für ein mit der Unterbringung zusammenhängendes gerichtliches Verfahren nicht zulässig, Abs. 2 S. 1 Nr. 1 lit. d). Unter § 42 Abs. 2 S. 1 Nr. 1 lit. a) MVollzG RP fällt die Konstellation der gutachterlichen Stellungnahme nicht. Wie oben[128] erörtert, kann gerade nicht davon ausgegangen werden, dass § 463 Abs. 4 S. 1 StPO eine Mitteilungspflicht hinsichtlich sensibler Daten statuiert.[129] Auch die Annahme der Erforderlichkeit zur Abwehr von Gefahren für die persönliche Freiheit der betroffenen Person scheint mit Blick auf die Existenz des Abs. 2 S. 1 Nr. 1 lit. d) nicht überzeugend. Angesichts der Begründung des Gesetzesentwurfs, nach der eine „Übermittlung nur dann zulässig (ist), wenn mindestens eine der in Absatz 2 genannten – alternativen – Voraussetzungen erfüllt ist“[130] und eine Übermittlung vertraulicher Daten „außer mit ausdrücklicher Einwilligung – nur unter sehr eingeschränkten Voraussetzungen zulässig ist“,[131] ist insoweit von einer abschließenden Regelung auszugehen. In der Folge finden die Bestimmungen des LDSG RP[132] nicht nach § 42 Abs. 7 MVollzG RP subsidiäre Anwendung.

12. Saarland

Der saarländische Gesetzgeber hat den Vollzug der Unterbringung in einem psychiatrischen Krankenhaus ebenfalls in einem eigenen Maßregelvollzugsgesetz (MRVG SL) geregelt.[133] Im achten Abschnitt des MRVG SL, der sieben Vorschriften

---

[127] Die Formulierung („Personenbezogene Daten, die im Rahmen einer Beratung oder zu sonstigen Zwecken ohne rechtliche Verpflichtung anvertraut worden sind“) für die Bezeichnung sensibler Daten weicht insoweit von der Begriffsbestimmung auf EU-Ebene ab. Nach der Begründung des Gesetzesentwurfs sollen hierdurch aber gerade vertrauliche Daten, die insbesondere im Rahmen von therapeutischen Gesprächen anfallen, erfasst werden (LT RP Drs. 16/5254, S. 57). Siehe hierzu weiter unten unter Kap. 7 B. V. 2.

[128] Siehe oben unter Kap. 6 A.

[129] Anders OLG Hamm BeckRS 2018 33849 Rn. 24 ff. in Bezug auf § 26 Abs. 1 b) MRVG NRW a. F. (in § 463 Abs. 4 S. 1 StPO sei die Pflicht der Maßregelvollzugseinrichtung zur Abgabe der Stellungnahme geregelt und zwar auch betreffend besonders schutzwürdiger Daten).

[130] LT RP Drs. 16/5254, S. 57.

[131] LT RP Drs. 16/5254, S. 57.

[132] Landesdatenschutzgesetz vom 08.05.2018 (GVBl. 2018, S. 93).

[133] Gesetz Nr. 1257 über den Vollzug von Maßregeln der Besserung und Sicherung in einem psychiatrischen Krankenhaus und einer Entziehungsanstalt (Maßregelvollzugsgesetz – MRVG –) vom 29.11.1989 (Amtsbl. 1990, S. 81).

zum Umgang mit Daten enthält, ist die Übermittlung an dritte Stellen in § 38 Abs. 5 MRVG SL zu finden. Nach dessen Nr. 1 ist die Übermittlung von „Daten der untergebrachten Person“ an Personen und Stellen außerhalb des Maßregelvollzugs insbesondere auch dann zulässig, wenn dies zur Unterrichtung der Strafvollstreckungsbehörde oder des vollstreckenden Gerichts erforderlich ist. Der Wortlaut der Vorschrift bezieht sich weder ausdrücklich auf einfache personenbezogene Daten noch auf solche besonderer Kategorien. Nach den Gesetzesmaterialien betrifft die Vorschrift die Übermittlung „personenbezogener Daten“ der untergebrachten Person.[134] Dabei enthält § 37 MRVG SL in seinem Satz 2 eine nicht abschließende Aufzählung personenbezogener Daten, die auch Angaben über die Krankengeschichte, insbesondere auch Sozialberichte, Befunde, Therapien sowie ärztliche, psychiatrische und psychologische Gutachten, die über die untergebrachte Person erstattet werden, erfasst. Ob damit eine eigene Begriffsbestimmung der „personenbezogenen Daten“ eingeführt oder lediglich klargestellt werden soll, welche Daten unter anderem nach § 37 S. 1 MRVG SL unter den Datenschutz fallen, bleibt unklar. Im ersteren Fall würde die Begriffsbestimmung von derjenigen auf europäischer Ebene abweichen und auch besonders schutzwürdige Daten miteinschließen. Ergänzend sollen nach § 36 Abs. 1 Nr. 1 MRVG SL auch die Begriffsbestimmungen des § 2 JVollzDSG SL gelten,[135] der klar zwischen einfachen personenbezogenen Daten (Nr. 3) und solchen besonderer Kategorien (Nr. 14) unterscheidet. Ob die Übermittlungsnorm des § 38 Abs. 5 Nr. 1 MRVG SL damit auch die in § 37 S. 2. Nr. 2 MRVG SL besonders schutzwürdigen Daten erfassen soll, kann nicht abschließend beantwortet werden. Nach der Gesetzesbegründung ist die Übermittlungsnorm des § 38 Abs. 5 MRVG SL jedenfalls als nicht abschließend konzipiert.[136] Nach § 36 Abs. 1 MRVG SL sind zwar bestimmte Regelungen des JVollzDSG SL entsprechend anwendbar, jedoch weder die Übermittlungsnorm des § 12, noch die besonderen Bestimmungen für Geheimnisträgerinnen und -träger (§§ 45–50 JVollzDSG). Im Übrigen würde aber § 8 Abs. 1 Nr. 6 Var. 2 Alt. 1 DSG SL[137] i. V. m. § 11 Abs. 1 Nr. 8 StGB eine Übermittlungsermächtigung für sensible Daten bieten, soweit dies zur Vollstreckung der Maßregel des § 63 StGB erforderlich ist.

13. Sachsen

In Sachsen dagegen ist der Vollzug der Unterbringung in einem psychiatrischen Krankenhaus in seinem Psychisch-Kranken-Hilfe-Gesetz (SächsPsychKHG) geregelt,[138] wobei in dem den Datenschutz regelnden fünften Abschnitt ein eigener

---

134 LT SL Drs. 17/1333, S. 66.

135 Saarländisches Justizvollzugsdatenschutzgesetz vom 04.12.2019 (Amtsbl. I 2020, S. 79). Zur ergänzenden Geltung LT SL Drs. 17/1333, S. 65.

136 Vgl. LT SL Drs. 17/1333, S. 66.

137 Saarländisches Datenschutzgesetz vom 16.05.2018 (Amtsbl. I 2018, S. 254)

138 Sächsisches Psychisch-Kranken-Hilfe-Gesetz vom 22.07.2024 (GVBl. 2024, S. 673).

Unterabschnitt für den Datenschutz im Maßregelvollzug vorgesehen ist (§§ 91–94 SächsPsychKHG). § 91 SächsPsychKHG erklärt in seinem Abs. 1 zunächst verschiedene Normen des SächsJVollzDSG[139] für anwendbar und spezifiziert anschließend in weiteren dreizehn Absätzen die datenschutzrechtlichen Bestimmungen für den Maßregelvollzug. Dabei sieht § 91 Abs. 8 SächsPsychKHG eine selbstständige Übermittlungsnorm vor, nach der sensible Daten an öffentliche Stellen übermittelt werden dürfen, soweit dies unbedingt erforderlich ist für bspw. die Erstellung von Gutachten zur Feststellung des Vorliegens der Voraussetzungen für die Unterbringung im Maßregelvollzug (§ 91 Abs. 8 Nr. 1 SächsPsychKHG). Allerdings erfassen die dort genannten Zwecke nicht die Übermittlung sensibler Daten im Rahmen einer gutachterlichen Stellungnahme. Nach § 12 Abs. 6 Nr. 1 lit. a) i. V. m. § 10 Abs. 3 S. 1 i. V. m. Abs. 2 Nr. 6 SächsJVollzDSG (i. V. m. § 91 Abs. 1 SächsPsychKHG) dürfen zwar sensible Daten an öffentliche Stellen übermittelt werden, soweit dies für vollstreckungsrechtliche Entscheidungen unbedingt erforderlich ist. Allerdings steht dem wohl – mangels anderweitiger Bestimmungen des JVollzDSG SA[140] sowie des SächsPsychKHG – § 12 Abs. 6 Nr. 1 lit. a) i. V. m. § 10 Abs. 3 S. 2 SächsJVollzDSG (i. V. m. § 91 Abs. 1 SächsPsychHKG) entgegen, wonach sensible Daten, die von einem Amts- oder Berufsgeheimnisträger erhoben wurden, nur für den Zweck der Erhebung übermittelt werden dürfen.

14. Sachsen-Anhalt

In Sachsen-Anhalt ist der Maßregelvollzug wiederum in einem eigenständigen Maßregelvollzugsgesetz normiert (MVollzG LSA),[141] das sich in seinem fünften Abschnitt Bestimmungen zur Datenverarbeitung widmet. Die Ermächtigungsnorm für Übermittlungen bestimmter personenbezogener Daten findet sich in § 35 Abs. 1 MVollzG LSA, wobei dessen Nr. 1 eine Übermittlung erlaubt, soweit dies zur Unterrichtung der Vollstreckungsbehörde (Var. 1) oder des Vollstreckungsgerichts (Var. 2) erforderlich ist. Eine gewisse Erstreckung auf sensible Daten scheint durch die Voraussetzung möglich, dass nur solche Daten übermittelt werden dürfen, die nach §§ 32 und 33 MVollzG LSA verarbeitet wurden. Denn nach der Verarbeitungsgeneralklausel des § 32 Abs. 1 S. 2, 3 MVollzG LSA zählen zu den verarbeitbaren Daten nicht allein personenbezogene Daten, sondern insbesondere auch Angaben zu Untersuchungsergebnissen, Diagnosen und Behandlungsmaßnahmen (Nr. 2) sowie Angaben über gegenwärtige und frühere Krankheiten, Körperschäden und Verhaltensauffälligkeiten (Nr. 7). Angesichts dessen, dass § 35 Abs. 1 Nr. 1 MVollzG LSA aber nicht nur eine Übermittlung zu Zwecken der Unterrichtung des Vollstreckungsgerichts, sondern auch forensischer Ambulanzen vorsieht, für eine Übermittlung an Letztere aber zusätzlich ausdrücklich mit § 35 Abs. 3 MVollzG LSA

[139] Sächsisches Justizvollzugsdatenschutzgesetz vom 22.08.2019 (GVBl. 2019, S. 663).

[140] Offenbarungspflichten und -befugnisse für Berufsgeheimnisträger sieht insbesondere der vierte Abschnitt des SächsJVollzDSG vor, der nicht über § 91 Abs. 1 SächsPsychKHG anwendbar ist.

[141] Maßregelvollzugsgesetz Sachsen-Anhalt vom 21.10.2010 (GVBl. 2010, S. 510).

eine Rechtsgrundlage für die Übermittlung anvertrauter Geheimisse i. S. d. § 203 StGB vorgesehen ist, müssen alle Daten, die eine solche erhöhte Schutzwürdigkeit aufweisen als von § 35 Abs. 1 Nr. 1 MVollzG LSA bei der Übermittlung an andere Stellen als forensische Ambulanzen abschließend ausgenommen gelten.[142]

15. Schleswig-Holstein

Auch Schleswig-Holstein hat ein eigenes Maßregelvollzugsgesetz (MVollzG SH),[143] dessen dritter Teil zum Datenschutz acht Vorschriften umfasst. Die zentrale Datenübermittlungsnorm findet sich in § 39 MVollzG SH. Nach § 39 Abs. 2 S. 1 Nr. 1 Var. 1 bzw. 2 und S. 2 MVollzG SH dürfen besondere Kategorien personenbezogener Daten an Dritte übermittelt werden, soweit dies zur Unterrichtung der Vollstreckungsbehörde oder des Gerichts unbedingt erforderlich ist.[144]

16. Thüringen

Auch in Thüringen sieht das Maßregelvollzugsgesetz (ThürMRVG)[145] in einem eigenen siebten Abschnitt acht Vorschriften zum Datenschutz vor. Dabei wird in § 34 Abs. 2 ThürMRVG eine eigene Bestimmung des Begriffs der besonderen Kategorien personenbezogener Daten eingeführt, der u. a. die Angaben des Untergebrachten zu seinen Krankheiten erfasst (Nr. 2 lit. b)). Eine nähere Auseinandersetzung mit diesem Begriff ist an dieser Stelle obsolet, da das ThürMRVG keine Übermittlungsnorm bezogen auf sensible Daten an Dritte vorsieht. Insoweit findet sich allein eine Rechtsgrundlage für die Übermittlung gewöhnlicher personenbezogener Daten, soweit dies zur Unterrichtung der Vollstreckungsbehörde oder der Strafvollstreckungskammer erforderlich ist (§ 39 Abs. 1 Nr. 1 Var. 1 bzw. 2 ThürMRVG). Etwas irritierend ist, dass der eigens in § 34 Abs. 2 ThürMRVG definierte Begriff der besonderen Kategorien personenbezogener Daten in den Folgevorschriften nicht nochmals aufgegriffen wird und im Gesetzesentwurf (der noch von dem Begriff der besonderen Arten personenbezogener Daten ausging) zu Absatz 2 formu-

---

[142] Möchte man die Regelungen des MVollzG LSA als nicht abschließend einordnen, würde subsidiär das Gesetz zur Umsetzung der Richtlinie (EU) 2016/680 (Datenschutzrichtlinienumsetzungsgesetz Sachsen-Anhalt – DSUG LSA) vom 02.08.2019 (GVBl. LSA 2019, S. 218) Anwendung finden (§ 38 MVollzG LSA). Dort werden zwar in § 2 Nr. 18 DSUG LSA „besondere Kategorien personenbezogener Daten" definiert, allerdings sieht das Gesetz allein eine Verarbeitungsgeneralklausel für sensible Daten vor, die eine Verarbeitung erlaubt, wenn diese zur Aufgabenerfüllung unbedingt erforderlich ist. Eine Rechtsgrundlage für die zweckändernde Verarbeitung sensibler Daten ist anders als für rein personenbezogene Daten (§ 5 Abs. 1 DSUG LSA) nicht vorgesehen.

[143] Maßregelvollzugsgesetz vom 11.12.2020 (GVOBl. 2020, S. 1019).

[144] Eine Ausnahmeregelung für genetische und biometrische Daten enthält § 39 Abs. 3 S. 2 MVollzG SH, wonach die Verarbeitung solcher Daten nur zulässig ist, wenn sie in einer Rechtsvorschrift vorgesehen ist.

[145] Thüringer Maßregelvollzugsgesetz vom 08.08.2014 (GVBl. 2014, S. 545).

liert ist: „Absatz 2 ist neu und enthält eine Aufstellung der üblicherweise für die Durchführung der Unterbringung erforderlichen Daten über den Untergebrachten als sogenannte personenbezogene Daten".[146] Dennoch ist der Wortlaut des Gesetzes eindeutig: § 39 Abs. 1 Nr. 1 ThürMRVG betrifft allein personenbezogene Daten.[147] Auch die Datenverarbeitungsgeneralklausel in § 37 Abs. 1 S. 2 ThürMRVG, die eine Verarbeitung zur Anfertigung von Gutachten über die untergebrachte Person erfasst, betrifft allein personenbezogene Daten und darüber hinaus nicht gutachterliche Stellungnahmen. Subsidiär gelten nach § 34 Abs. 5 ThürMRVG die Bestimmungen des ThürKHG[148] und des ThürDSG.[149] Eine einschlägige Rechtsgrundlage könnte § 37 Abs. 1 ThürDSG bieten. Danach ist eine Verarbeitung sensibler Daten zulässig, wenn sie zur Aufgabenerfüllung unbedingt erforderlich ist. In Bezug genommen ist damit die Aufgabenerfüllung zu den in § 31 ThürDSG genannten Zwecken, die die Vollstreckung auch des Maßregevollzugs umfasst.

17. Zwischenergebnis

Zusammenfassend lässt sich festhalten, dass in einigen Bundesländern die Übermittlung sensibler Daten an das Vollstreckungsgericht auf datenschutzrechtliche Ermächtigungsnormen gestützt werden kann, wenn die Übermittlung zu Vollstreckungszwecken unbedingt erforderlich (Bayern, Hamburg, Hessen, Nordrhein-Westfalen, Schleswig-Holstein und Thüringen) bzw. erforderlich ist (Niedersachen und Saarland). Mit Blick auf den Verhältnismäßigkeitsgrundsatz werden die Begriffe *erforderlich* und *unbedingt erforderlich* zu kaum unterschiedlichen Ergebnissen führen. Angesichts der besonderen Schutzbedürftigkeit der betreffenden Daten, der Grundrechtsrelevanz einer Datenweitergabe und der Tatsache, dass der untergebrachten Person Nachteile aus der Verarbeitung entstehen können, ist ohnehin ein besonders strenger Maßstab für die Verhältnismäßigkeitsprüfung angezeigt. In Baden-Württemberg existiert dagegen die sehr unbestimmt und weit gefasste Generalklausel des § 17 S. 1 LDSG BW. Keine taugliche datenschutzrechtliche Befugnisnorm existiert nach der hier vertretenen Auffassung in Berlin, Brandenburg, Bremen, Mecklenburg-Vorpommern, Rheinland-Pfalz, Sachsen und Sachsen-Anhalt.

V. Problematik datenschutzrechtlicher Befugnisnormen

Abgesehen davon, dass die bestehende Problematik der fehlenden gesetzlichen Offenbarungsbefugnis für Bezugstherapeuten im Maßregelvollzug allenfalls in den Ländern durch landesdatenschutzrechtliche Übermittlungsvorschriften gelöst wer-

[146] LT Thür Drs. 5/7580, S. 56.

[147] Anders scheinbar *Bötticher* u. a. NStZ 2019, 553, 556. Zu § 39 Abs. 3 ThürMRVG siehe oben unter Kap 7 B. III. 1.

[148] Thüringer Krankenhausgesetz vom 30.04.2003 (GVBl. 2003, S. 262).

[149] Thüringer Datenschutzgesetz vom 06.06.2018 (GVBl. 2018, S. 229).

den kann, in denen solche existieren, ist dieser Lösungsweg aus unterschiedlichen Gründen als kritisch zu betrachten.

1. Kompetenzrechtliche Bedenken

Zunächst stellt sich die Frage, ob datenschutzrechtliche Befugnisregelungen auf Landesebene überhaupt eine Legitimation zur Offenbarung von strafrechtlich geschützten Berufsgeheimnissen geben können. Eine Durchbrechung bundesrechtlicher Strafbarkeit (Art. 74 Abs. 1 Nr. 1 GG) durch Landesrecht würde jedenfalls dann verfassungsrechtlichen Bedenken begegnen, wenn diese durch eine landesrechtliche Offenbarungspflicht (nicht aber -befugnis) erfolgen würde, weil sie dem bundesrechtlichen Zeugnisverweigerungsrecht widerspräche.[150] Überwiegend wird es aber als unbedenklich angesehen, wenn Offenbarungsrechte auf Landesebene die Unbefugtheit der Geheimnisoffenbarung ausschließen.[151]

2. Inkongruenz von Gesundheitsdatenschutz und strafrechtlichem Geheimnisschutz

Jenseits dieser kompetenzrechtlichen Frage ist zu bedenken, dass der Schutz von Patientengeheimnissen und der Schutz von Gesundheitsdaten nicht ohne Weiteres gleichgesetzt werden kann. Dementsprechend wird vertreten, dass datenschutzrechtliche Übermittlungsnormen, die sich auf Daten ohne Geheimnischarakter beziehen, nicht als Rechtfertigungsgrund im Rahmen des § 203 StGB fungieren könnten.[152] Führt man sich die verfassungsrechtlichen Grundlagen[153] vor Augen, sind zwar sowohl die ärztliche Schweigepflicht als auch der Gesundheitsdatenschutz im Allgemeinen Persönlichkeitsrecht angesiedelt, jedoch betreffen sie ganz unterschiedliche Teilgarantien. Die ärztliche Schweigepflicht entspringt dem Privatsphärenschutz, sie will die besondere Vertraulichkeit der Arzt-Patienten-Beziehung

---

[150] Vgl. *Waider* R & P 2006, 65, 69; *ders.* in Pollähne/Rode (Hrsg.), Schweigepflicht und Datenschutz, S. 99, 110; *Volckart* R & P 1990, 158, 165 Fn. 27.

[151] Siehe bspw. LK-StGB Online/*Hilgendorf* § 203 Rn. 171; *Dochow* MedR 2019, 279, 286; *Rogall* NStZ 1983, 1, 7.

[152] So *Rogall* NStZ 1983, 1, 7; insbesondere mit Blick auf das BDSG a. F. auch *Eichelbrönner*, Die Grenzen der Schweigepflicht des Arztes, S. 159 ff.; *Hübner*, Umfang und Grenzen des strafrechtlichen Schutzes, S. 42 ff.; *Sieber* in FS Eser, S. 1155, 1178. Ebenso *Meier*, Der rechtliche Schutz patientenbezogener Gesundheitsdaten, S. 187, der aber im Falle von datenschutzrechtlichen Erlaubnisnormen, die Gesundheitsdaten betreffen, diesen eine rechtfertigende Wirkung im Rahmen des § 203 StGB beimisst, da solche Übermittlungsnormen typischerweise auf Geheimnisse i. S. d. § 203 StGB zugeschnitten seien. *Müller-Dietz* in Jung u. a. (Hrsg.), Aktuelle Probleme und Perspektiven des Arztrechts, S. 39, 46, hält dagegen Normen des BDSG als Ermächtigungsgrundlage für grundsätzlich geeignet.

[153] Siehe hierzu oben unter Kap. 3 A.

schützen.[154] Dagegen verleiht der Gesundheitsdatenschutz dem Recht auf informationelle Selbstbestimmung Ausdruck und gewährleistet dem Einzelnen die Befugnis, grundsätzlich selbst über die Preisgabe und Verwendung seiner persönlichen Daten zu bestimmen.[155] Auch wenn vermehrt durch § 203 Abs. 1 StGB primär die individuelle Geheimnissphäre in Ausprägung des informationellen Selbstbestimmungsrechts als geschützt angesehen wird,[156] divergiert der jeweilige Schutzgegenstand dennoch entsprechend der verfassungsrechtlichen Sichtweise.

Der strafrechtliche Geheimnisbegriff i. S. d. § 203 StGB und der datenschutzrechtliche Begriff der besonderen Kategorien personenbezogener Daten (hier insbesondere der Gesundheitsdaten) stimmen nicht notwendigerweise überein. Unter den strafrechtlichen Schutz der ärztlichen Schweigepflicht fallen allein Patientengeheimnisse; unter den Begriff der personenbezogenen Daten besonderer Kategorien bzw. Gesundheitsdaten fallen hingegen auch solche Daten, die offenkundig sind oder hinsichtlich derer kein Geheimhaltungswille existiert – die Geheimnisqualität ist gerade keine Voraussetzung. Zudem erfassen sensible Daten allein Informationen, die sich auf eine identifizierte oder identifizierbare natürliche Person beziehen;[157] Geheimnisse können auch Betriebs- oder Geschäftsgeheimnisse betreffen. Dies bedeutet, dass Gesundheitsdaten im Sinne des Datenschutzrechts zwar zugleich Patientengeheimnisse darstellen können, dies aber nicht zwangsweise der Fall ist.[158] Folglich kann auch eine einheitlich dogmatische Verengung auf das Grundrecht auf informationelle Selbstbestimmung betreffend der Rechtsgutbestimmung nicht überzeugen.[159] Im Falle gutachterlicher Stellungnahmen werden personenbezogene Daten allerdings häufig Gegenstand des Patientengeheimnisses sein, sodass entsprechend beide Regelungsstrukturen eine Schnittmenge finden.[160] Daraus folgt aber nicht, dass jede datenschutzrechtliche Erlaubnisnorm zur Datenübermittlung zugleich eine Befugnis zur Offenbarung von Berufsgeheimnissen enthält.[161] Vielmehr muss eine entsprechende Ermächtigungsnorm dem Gebot normenklarer und bereichsspezifischer Regelung entsprechen.

---

[154] BVerfG NJW 1972, 1123.

[155] Vgl. *Dochow* MedR 2019, 279 f.

[156] Siehe hierzu sowie ausführlich zum umstrittenen Schutzzweck der Norm *Vahlenkamp*, Ärztliche Schweigepflicht im Strafverfahren, S. 36 ff. bzw. 15 ff.; MüKoStGB/*Cierniak/Niehaus* § 203 Rn. 7 f.; TK-StGB/*Eisele* § 203 Rn. 3; *Rogall* NStZ 1983, 1, 4 f. Richtigerweise ist geschütztes Rechtsgut das allgemeine Persönlichkeitsrecht, das das Recht auf informationelle Selbstbestimmung miteinschließt (vgl. Fischer/*Fischer/Anstötz* § 203 Rn. 2,3). Mit Blick auf geschützte Betriebs- und Geschäftsgeheimnisse sind Art. 12 und 14 GG zu beachten (siehe *Popp* in AnwK-StGB § 203 Rn. 1).

[157] Siehe zu den Begriffsbestimmungen oben unter Kap. 7 B. I.

[158] Vgl. *Dochow* MedR 2019, 279, 284. Nach *Meier* (Der rechtliche Schutz patientenbezogener Gesundheitsdaten, S. 187), genügt dagegen, dass Gesundheitsdaten typischerweise auch Geheimnisse i. S. d. § 203 StGB darstellen.

[159] Vgl. *Popp* in AnwK-StGB § 203 Rn. 1.

[160] Siehe hierzu auch LK-StGB Online/*Hilgendorf* § 203 Rn. 21; *Dochow* MedR 2019, 279, 284 f.

[161] Vgl. *Sieber* in FS Eser, S. 1155, 1178, der als Parallelbsp. die Erlaubnis zur Durchführung von Schießübungen nach dem Waffengesetz nennt, die z. B. nicht die Verletzung eines anderen Men-

3. Notwendigkeit normenklarer und bereichsspezifischer Regelungen

Sollen landesrechtliche Datenübermittlungsnormen eine Erlaubnisnorm für die Offenbarung von durch § 203 StGB strafrechtlich geschützten Geheimnissen bieten, müssen diese – neben der Verarbeitung von Patientendaten als Schutzobjekt und der Datenübermittlung – entweder eine solche Offenbarung von Berufsgeheimnissen ausdrücklich zulassen, oder die Norm muss zumindest an den Geheimnisträger adressiert sein.[162] Dem werden die einschlägigen Datenschutzregelungen nicht gerecht. Zwar ist es nicht untypisch, dass landesrechtliche (bereichsspezifische) Datenschutzregelungen den Berufsgeheimnisschutz regelungstechnisch berücksichtigen.[163] Verdeutlicht werden kann dies insbesondere an den bestehenden Regelungen zur Reichweite der ärztlichen und psychotherapeutischen Schweigepflicht zum einen im Strafvollzug gegenüber der Anstaltsleitung[164] und zum anderen gegenüber forensischen Ambulanzen. In mittlerweile allen Bundesländern wird die Geltung der Schweigepflicht der in § 203 Abs. 1 Nr. 1, 2 und 6 StGB genannten Berufsgruppen im Strafvollzug bekräftigt und etwaige Durchbrechungen werden ausdrücklich geregelt.[165] Neben der bundesrechtlichen Bestimmung des § 68a Abs. 8 StGB existieren vereinzelt landesrechtliche Datenschutzvorschriften, die ausdrücklich eine Offenbarungsbefugnis von Berufsgeheimnisträgern gegenüber einer forensischen Ambulanz statuieren.[166] Im Bereich des Datenschutzes im Maßregelvollzug finden sich zwar zum Teil ebenfalls in einzelnen Bereichen ausdrückliche Bezüge zum Berufsgeheimnisschutz. Dies betrifft die Offenbarungspflicht

---

schen durch den dadurch „erlaubten" Schuss rechtfertigt (Fn. 109). Anders dagegen *Heckel* NVwZ 1994, 224, 228; wohl auch LK-StGB Online/*Hilgendorf* § 203 Rn. 171.

[162] Vgl. *Dochow* MedR 2019, 279, 286; Kühling/Buchner/*Weichert* DS-GVO, Art. 9 Rn. 147.

[163] Bspw. § 12 Abs. 1 LDSG BW; Art. 34 BayMRVG i. V. m. Art. 201 Abs. 1 BayStVollzG; § 85 Abs. 7 und 8 PsychKG Bln; § 64 Abs. 4 BbgPsychKG; §§ 93, 96, 97 BremPsychKG; § 42 Abs. 2 S. 5 HmbMVollzG; § 36 Abs. 1 S. 1 Nr. 5 und Abs. 3 HessMVollzG; § 47 Abs. 2 PsychKG M–V; § 4 Abs. 3 LDSG M–V; § 21b Nds. MVollzG; § 6 Abs. 3 und § 17 Abs. 1 Nr. 4 NDSG; § 38 Abs. 1 StrUG NRW; § 7 Abs. 4 und § 30 Abs. 2 LDSG RP; § 10 Abs. 3 S. 2 LDSG SL sowie dessen Abschnitt 7; §§ 86, 92 SächsPsychKHG.

[164] Siehe zu Abs. 2 S. 2 StVollzG bzw. den entsprechenden landesrechtlichen Vorschriften als Offenbarungspflicht bzw. -befugnis *Vahlenkamp*, Ärztliche Schweigepflicht im Strafverfahren, S. 125 ff. Zur Offenbarung von Geheimnissen gegenüber der Leitung im Maßregelvollzug siehe bspw. § 36 HessMVollzG i. V. m. § 61 Abs. 2 HStVollzG oder Art. 34 BayMRVG i. V. m. Art. 201 Abs. 1 BayStVollzG.

[165] Bspw. § 51 Abs. 2 JVollzGB I BW; Art. 201 Abs. 1 S. 2 BayStVollzG (auf Bundesebene: § 182 Abs. 2 S. 1 StVollzG). Siehe hierzu LNNVB/*Koranyi* Kap. O, Rn. 172 ff. Ein Überblick über die entsprechenden Länderregelungen findet sich bei *Vahlenkamp*, Ärztliche Schweigepflicht im Strafverfahren, S. 126 Fn. 177 sowie *Ofterdinger*, Vom Reden und Schweigen des Anstaltsarztes, S. 176 ff. Siehe zu den Offenbarungspflichten im Strafvollzug auch StVollzG/*Goerdeler*, Teil III Rn. 199 ff.

[166] So § 35 Abs. 3 MVollzG LSA: „Die in § 203 Abs. 1 Nrn. 1, 2 und 5 des Strafgesetzbuches genannten Beschäftigten der Einrichtung sind befugt, Geheimnisse, die ihnen im Rahmen des durch § 203 des Strafgesetzbuches geschützten Verhältnisses anvertraut oder sonst bekannt geworden sind, gegenüber einer forensischen Ambulanz zu offenbaren, soweit dies notwendig ist, um der untergebrachten Person zu helfen, nicht wieder straffällig zu werden".

unter Berufsgeheimnisträgern,[167] zudem werden Berufsgeheimnisträger im Rahmen der Regelungen zur Erhebung bzw. Übermittlung sensibler Daten durch bzw. an die Maßregelvollzugseinrichtung[168] adressiert. Darüber hinaus wird in Niedersachsen sowie Sachsen dem jeweils unterschiedlichen Schutzgegenstand Rechnung getragen, indem § 21b Nds. MVollzG bzw. § 86 SächsPsychKHG anerkennt, dass personenbezogene Daten besonderer Kategorien i. S. d. Datenschutzrechtes nicht notwendigerweise mit personenbezogenen Daten übereinstimmen, die einem Berufsgeheimnis oder einem besonderen Amtsgeheimnis unterfallen, und dementsprechend beide als Verarbeitungsgegenstand erklärt. Beide Vorschriften sind nach hier vertretener Auffassung allerdings im Falle der Übermittlung gutachterlicher Stellungnahmen nicht einschlägig.[169] Zudem finden in Bayern die oben erwähnten Regelungen zur Reichweite der Schweigepflicht im Strafvollzug Anwendung (Art. 34 BayMRVG i. V. m. Art. 201 BayStVollzG).

Die landesrechtlichen Übermittlungsermächtigungen für die hier diskutierte Situation erfassen allerdings weder ausdrücklich noch typischerweise Daten (jedenfalls dann, wenn die Ermächtigungsnorm eine Übermittlung allgemein zu Vollstreckungszwecken zulässt oder noch allgemeiner gefasst ist), die einem Berufsgeheimnis unterliegen. Mit Blick auf das Gebot normenklarer und bereichsspezifischer Regelungen ist eine Lösung der Problematik durch Heranziehung datenschutzrechtlicher Übermittlungsnormen daher mehr als zweifelhaft.

Zweifel ergeben sich mit Blick auf das verfassungsrechtliche Gebot normenklarer und bereichsspezifischer Regelungen aber auch in anderer Hinsicht.[170] Abgeleitet wird hieraus auch das Verbot langer, intransparenter und damit im Ergebnis nicht mehr verständlicher Verweisungsketten.[171] Dabei ist (zumindest zum Teil) mehr als fraglich, „ob kaskadenförmige Verweisungen über mehrere Gesetze, oder subsidiäre Anwendungen aufgrund großflächiger Nicht-Regelungen dem Grundsatz der Normenklarheit hinreichend Rechnung tragen".[172]

Zuletzt zeigt die Schaffung des § 68a Abs. 8 StGB, dass der Bundesgesetzgeber selbst von der Notwendigkeit einer einheitlichen Regelung auf Bundesebene ausgeht. Denn auf Landesebene existierten für eine Übermittlung entsprechender Daten an forensische Ambulanzen ebenfalls teilweise Befugnisnormen, die die Schweigepflicht durchbrechen sollen.[173]

---

[167] Siehe oben unter Kap. 7 B. III. 2.

[168] Siehe oben unter Kap. 7 B. III. 1.

[169] Siehe auch § 42 Abs. 4 S. 1 MVollzG RP, der mit der Formulierung „Personenbezogene Daten, die im Rahmen einer Beratung oder zu sonstigen Zwecken ohne rechtliche Verpflichtung anvertraut worden sind" vertrauliche Daten erfassen soll, die insbesondere im Rahmen von therapeutischen Gesprächen anfallen, (siehe LT RP Drs. 16/5254, S. 57).

[170] Siehe hierzu auch *Goerdeler* R & P 2014, 129, 130. Zweifelnd auch MRV-Recht/*Lesting* Rn. G 245.

[171] Siehe bspw. BVerfGE 110, 33, 57 ff.; hierzu auch Huber/Voßkuhle/*Eichberger*, GG, Art. 2 Rn. 294 m. w. N.

[172] *Goerdeler* R & P 2014, 129, 130.
Siehe hierzu auch *Goerdeler* R & P 2014, 129, 130.

[173] Siehe bspw. § 35 Abs. 3 MVollzG LSA.

4. Zweifel an der Eigenständigkeit datenschutzrechtlicher Übermittlungsbefugnisse

Zuletzt kann in Frage gestellt werden, ob es sich bei den landesrechtlichen Übermittlungsnormen um eigenständige Regelungen handelt oder ob sie maßgeblich von den strafprozessualen Normen auf Bundesebene abhängen. Immer dort, wo Datenschutzbestimmungen eine Offenbarung vorsehen, soweit dies bspw. zur Unterrichtung der Vollstreckungsbehörde oder der Strafvollstreckungskammer (§ 42 Abs. 2 S. 1 Nr. 1 Var. 1 bzw. 2 und S. 2 HmbMVollzG) unbedingt erforderlich ist,[174] könnte in der „Erforderlichkeit" ein Verweis auf die maßgeblichen strafprozessualen Vorschriften für die Vollstreckung der Maßregeln der Besserung und Sicherung gesehen werden.[175] Dort, insbesondere in § 463 Abs. 4 S. 1 StPO, findet sich jedoch keine Rechtsgrundlage für die Übermittlung sensibler Daten von der Maßregelvollzugseinrichtung an das Vollstreckungsgericht.[176]

174 Siehe hierzu oben unter Kap. 7 B. IV. 6.

175 Vgl. *Volckart* R & P 1990 158, 163.

176 Siehe oben unter Kap. 6 A.

Teil III: Fazit und Reaktionsmöglichkeiten aus rechtlicher Sicht

Kapitel 8: Fazit und Reaktionsmöglichkeiten aus rechtlicher Sicht

Die rechtsalltägliche Handhabung gutachterlicher Stellungnahmen und die Selbstverständlichkeit, mit der Patientengeheimnisse der untergebrachten Person offenbart werden, müssen angesichts der dargestellten Rechtslage verwundern. Dabei wird in einigen Bundesländern konsequent ignoriert, dass die aktuell gängige Praxis rechtswidrig ist. Aber was sollte die Konsequenz sein? Aus rechtlicher Sicht gibt es unterschiedliche Möglichkeiten:

A. Systematische Entbindung von der Schweigepflicht

Denkbar wäre, dass sich Bezugstherapeuten systematisch von der Schweigepflicht entbinden lassen, um eine Strafbarkeit nach § 203 StGB auszuschließen. Angesichts der unfreien Entscheidungssituation im Maßregelvollzug und der damit verbundenen Aushöhlung der Patientenrechte, kann dies aber keine akzeptable Lösung bieten. In dem Bewusstsein, dass potenziell jede Äußerung im Rahmen therapeutischer Gespräche zur Einschätzung im Hinblick auf eine Nicht-/Fortdauerentscheidung an das Vollstreckungsgericht weitergeleitet werden könnte, würden sich Schweigetendenzen hinsichtlich beschämender und – aus Sicht der untergebrachten Person – für eine Entlassungsentscheidung hinderlicher Inhalte verstärken. Auch die ohnehin bestehende Problematik bei der Verweigerung einer Schweigepflichtentbindung würde sich nochmals verschärfen: Schon jetzt wird davon ausgegangen, dass bei einer Verweigerung der Schweigepflichtentbindung Negatives verschwiegen werde, sodass auch die Fortdauerentscheidung zu Lasten des Freiheits-

K. Neßeler, *Gutachterliche Stellungnahmen in der Maßregelvollstreckung (§ 63 StGB)*, MedR Schriftenreihe Medizinrecht,
https://doi.org/10.1007/978-3-662-73984-6_8

grundrechts des Untergebrachten ausfalle.[1] Unter der Prämisse, dass sich dem Untergebrachten der Eindruck vermittelt, im Verweigerungsfall entstünden ihm Nachteile, kann von einer freiwilligen Entbindung von der Schweigepflicht schon gar nicht ausgegangen werden.[2]

B. Schaffung einer bundesgesetzlichen Offenbarungsbefugnis

Konsequenz könnte auch die Schaffung einer bundesgesetzlichen Offenbarungsbefugnis nach dem Vorbild des § 68a Abs. 8 StGB sein. So würde die gängige Praxis rechtlich zumindest legitimiert werden. Dies könnte allerdings die Behandlungsbeziehung entscheidend belasten, die ohnehin durch viele strukturell bedingte Merkmale (bspw. Zwangskontext oder häufiger Therapeutenwechsel) eine schlechtere Ausgangssituation aufweist als in der Außenwelt. Letztlich geriete hierdurch das Vollzugsziel der Unterbringung in Gefahr. Ziel der untergebrachten Person wird nicht in erster Linie sein, sich dem Bezugstherapeuten zu öffnen, um seine seelische Erkrankung zu mindern. Sondern es wird ihr darum gehen, im Rahmen therapeutischer Gespräche einen möglichst angepassten und seelisch unbeeinträchtigten Eindruck zu vermitteln, um die Entlassungsvoraussetzungen zu erreichen.[3] Dies ist auch den Therapeuten bewusst und erschwert auch aus deren Perspektive den Vertrauensaufbau.[4] *Schott* bringt dies auf den Punkt: „Vertrauen des Patienten zu seinem Therapeuten kann es nur geben, wenn dieser absolut verschwiegen ist. Und ohne Vertrauen ist keine Therapie möglich".[5]

---

[1] So bspw. das LG Lüneburg nach BVerfG NJW 1993, 778. Vgl. MRV-Recht/*Oelbermann* Rn. K 79; *Volckart/Grünebaum*, Maßregelvollzug, S. 261. In diese Richtung auch MRV-Recht/*Trenckmann* Rn. L 152 (zumindest für Fortdauerentscheidung bis zum Zeitpunkt des § 67d Abs. 6 S. 2 StGB). Im Zusammenhang mit dem Strafvollzug auch *Böllinger* Forensische Psychiatrie und Psychotherapie 2003, 17, 30. Dazu, dass kein belastendes Indiz daraus abgeleitet werden darf, dass ein umfassend schweigender Angeklagter die Entbindung eines Zeugen von der Schweigepflicht verweigert BGH NJW 2000, 1426.

[2] Vgl. *Goerdeler* R & P 2014, 129, 132. Zu weiteren Bedenken und der Konfliktlage bei einer generellen Entbindung von der Schweigepflicht *Feil* R & P 2012, 191, 196 f.

[3] Zu diesen Gefahren im Strafvollzug siehe *Böllinger* Forensische Psychiatrie und Psychotherapie 2003, 17, 32 f. sowie *ders.* Z. Sexualforsch 1999, 140 ff.

[4] Zu all diesen Gefahren im Rahmen des Strafvollzugs *Böllinger* Z. Sexualforsch 1999, 140, 145 ff.

[5] *Schott* R & P 2009, 20, 25. Ähnlich *Böllinger* MschrKrim 2000 11, 13 ff. bezogen auf Offenbarungspflichten im Strafvollzug. Siehe zu dieser Thematik auch *Frottier/Frühwald* in Wagner/Werdenich (Hrsg.), Forensische Psychotherapie, S. 81 ff.

C. Herausnahme der Bezugstherapeuten aus dem Entscheidungsprozess

Die Lösung könnte auch darin bestehen, Bezugstherapeuten (vollständig oder zum Teil) aus dem kriminalprognostischen Vollstreckungsprozess herauszuhalten.[6] Dies könnte einerseits durch Hinzuziehung externer Therapeuten erfolgen – entweder unter Ausschluss jeglichen Austauschs mit den Mitarbeitenden der Maßregelvollzugseinrichtung[7] oder aber unter Zulassung eines Informationsflusses bezüglich des Vollzugsverhaltens von der Einrichtung an die hinzugezogenen Therapeuten.[8] Eine Informationsweitergabe auch in die andere Richtung – von externen Therapeuten an die Maßregelvollzugseinrichtung – mit schriftlichen Berichten an die Klinik bzw. mit Austausch zwischen internen und externen Therapeuten[9] könnte zwar in manchen Bundesländern – mit dem Ziel der zielgerichteten gemeinsamen und kontinuierlichen Behandlung –[10] auf eine taugliche Rechtsgrundlage gestützt werden, nicht aber zu vollstreckungsrechtlichen Zwecken (wie etwa zur der Formulierung einer gutachterlichen Stellungnahme).[11] Denkbar wäre andererseits auch, die interne Organisationstruktur so zu gestalten, dass derjenige Bezugstherapeut, der mit der untergebrachten Person in eine therapeutische Vertrauensbeziehung tritt, aus dem kriminalprognostischen Vollstreckungsprozess und insbesondere aus dem Verfahren zur Abgabe gutachterlicher Stellungsnahmen herausgehalten wird und allein Angaben bspw. dazu macht, ob an der Therapie regelmäßig teilgenommen wird oder nicht.[12]

---

[6] Zu den Vor- und Nachteilen dieser Lösung auch *Gretenkord* in Beier/Hinrichs (Hrsg.), Psychotherapie mit Straffälligen, S. 124, 125 ff. Zu einem Bsp. aus dem Strafvollzug *Brandewiede* in Beier/Hinrichs (Hrsg.), Psychotherapie mit Straffälligen, S. 36, 39.

[7] Siehe zu diesem teilweise in den Niederlanden, insgesamt aber selten praktizierten Modell *Gretenkord* in Wagner/Werdenich (Hrsg.), Forensische Psychotherapie, S. 68, 69 ff.

[8] Siehe hierzu die Praxis im Landeskrankenhaus Moringen *Gretenkord* in Wagner/Werdenich (Hrsg.), Forensische Psychotherapie, S. 68, 72 f. Neben der eben erwähnten Praxis in den Niederlanden, in der kein Austausch stattfindet, gibt es dort auch praktizierte Modelle, in denen interne Therapeuten in den Klinikalltag und Entscheidungen eingebunden sind, ein Informationsfluss von internen Therapeuten an die Maßregelvollzugseinrichtung aber nicht stattfindet (siehe hierzu *Gretenkord* in Wagner/Werdenich (Hrsg.), Forensische Psychotherapie, S. 68, 73 m. w. N.).

[9] Siehe hierzu die Beschreibung eines Projektes zur Psychotherapie mit Gewalttätern im Jugendstrafvollzug bei *Hinrichs* MschrKrim 1991, 17 ff.

[10] Siehe oben unter Kap 7. B. III. 2.

[11] Siehe insgesamt zu diesen unterschiedlichen semi-integrierten Modellen in der Praxis *Gretenkord* in Wagner/Werdenich (Hrsg.), Forensische Psychotherapie, S. 68, 72 ff.

[12] Siehe auch hierzu *Gretenkord* in Wagner/Werdenich (Hrsg.), Forensische Psychotherapie, S. 68, 73 f.; *Gretenkord* in Beier/Hinrichs (Hrsg.), Psychotherapie mit Straffälligen, S. 124, 132 sowie exemplarisch die Organisationsstruktur der Sozialtherapeutischen Anstalt Baden-Württemberg auf dem Hohenasperg dargestellt bei *Adt* R & P 1998, 72, 73. Siehe auch § 58 Abs. 2 PsychKG Bln der als Alternative zu einem externen Gutachten eine ausführliche Stellungnahme des nicht mit der Behandlung der untergebrachten Person betrauten, in einer anderen Abteilung eingesetzten, therapeutischen Personals der Maßregelvollzugseinrichtung vorsieht.

Durch derartige Umstrukturierungen könnte das Vertrauensverhältnis zwischen untergebrachter Person und Bezugstherapeut gefördert werden, wobei es tatsächlich Hinweise darauf gibt, dass aus Patientensicht die Vertraulichkeit unter diesen Bedingungen besser gewahrt wird.[13] Neben einer Verbesserung der Behandlungsbeziehung könnten die Modelle auch die Nachteile einer Beurteilung durch den Behandler an sich reduzieren (bspw. Tendenz zu positiver Prognose, um eigenen Arbeitserfolg zu bescheinigen; Unterlassen einer objektiven Stellungnahme, um aufgebautes Vertrauen nicht zu verlieren; nachteilige Auswirkungen eines konfliktgeladenen Therapeut-Patient-Verhältnisses auf die Stellungnahme).[14]

Neben diesen Vorteilen bringt insbesondere das Modell des externen Therapeuten mit vollständigem Ausschluss eines Informationsflusses aber auch eine Reihe von Nachteilen und Risiken mit sich, die wiederum den Erfolg der Therapie beeinträchtigen und aufgrund der fehlenden Einbindung in Entscheidungsprozesse letztlich zu restriktiveren Entscheidungen bezüglich Vollzug und Entlassung führen könnten.[15] Insbesondere würde sich aber bei allen Alternativmodellen die eine bedeutende Frage stellen: Woher bekommt das Vollstreckungsgericht die für eine ausreichend fundierte Fortdauerentscheidung notwendigen Informationen? Eine noch häufigere festgeschriebene externe Begutachtung wird ressourcenbedingt (geeignete Sachverständige, Kosten etc.) kaum umzusetzen sein. Denkbar wäre ein jährliches therapeutisches Gespräch mit einem internen Therapeuten einer anderen Abteilung, der nicht mit der Behandlung der untergebrachten Person betraut ist, wobei die Funktion des Gesprächs dem Untergebrachten transparent gemacht wird.[16]

D. Anpassung der Praxis an die bestehende Rechtslage

Der „einfachste" Lösungsweg scheint eine Befolgung der bestehenden Rechtslage auf Bundesebene zu sein: Bei der nach § 463 Abs. 4 S. 1 StPO einzuholenden Stellungnahme kann – abgesehen von Fällen einer wirksamen Entbindung von der Schweigepflicht – von der Maßregelvollzugseinrichtung allein eine Mitteilung von Tatsachen verlangt werden, die nicht unter den Geheimnisschutz des § 203 StGB fallen, sondern die im Rahmen der Wahrnehmung von Ordnungs- und Verwaltungsfunktionen auch für nicht mit therapeutischen Aufgaben betraute Dritte erkennbar

---

[13] Siehe *Gretenkord* in Wagner/Werdenich (Hrsg.), Forensische Psychotherapie, S. 68, 73.

[14] Siehe zu diesen und weiteren Gründen *Tondorf* StV 2000, 171, 171; *Gretenkord* in Wagner/Werdenich (Hrsg.), Forensische Psychotherapie, S. 68, 69 f. sowie zum Strafvollzug auch *Böllinger* Forensische Psychiatrie und Psychotherapie 2003, 17, 32 f.

[15] Vgl. *Gretenkord* in Wagner/Werdenich (Hrsg.), Forensische Psychotherapie, S. 68, 70 ff., der insgesamt – insbesondere auch angesichts der im Maßregelvollzug verbreiteten Therapiearten und Störungsbilder – nicht der Schweigepflicht die vorrangige Bedeutung beimessen will. Nachteile einer Fremdbegutachtung werden auch von *Venzlaff* in Blau/Kammeier (Hrsg.), Straftäter in der Psychiatrie, S. 96, 103 ff. formuliert.

[16] Ähnlich des „Vorgesprächs" in der Organisationsstruktur der Sozialtherapeutischen Anstalt Baden-Württemberg auf dem Hohenasperg (siehe *Adt* R & P 1998, 72, 73).

waren und somit in der Regel das äußere Vollzugsverhalten betreffen.[17] Sollte das Vollstreckungsgericht im konkreten Fall darin keine ausreichende Tatsachengrundlage für seine Fortdauerentscheidung sehen, muss es ein externes Sachverständigengutachten außerhalb der Fristen des § 463 Abs. 4 S. 2 StPO einholen. Inwieweit Wohlverhalten im Vollzug ein valides prognostisches Kriterium ist, ist wiederum eine andere Frage.[18]

Die Frage nach der Reichweite der bezugstherapeutischen Schweigepflicht im Maßregelvollzug gleicht in der Anwendungswirklichkeit einem Dilemma. Die Rechtslage ist demgegenüber einigermaßen klar. Dies sollte die Praxis nicht skotomisieren.

[17] Dies für die Praxis vorzeichnend auch *Knauer* medstra 2015, 296, 298.

[18] Siehe hierzu *Venzlaff* in Blau/Kammeier (Hrsg.), Straftäter in der Psychiatrie, S. 96, 106.

Anlage

I. Baden-Württemberg

Gesetz über Hilfen und Schutzmaßnahmen bei psychischen Krankheiten (Psychisch-Kranken-Hilfe-Gesetz - PsychKHG) Vom 25. November 2014 (GBl. 2014, 534)

§ 53 Abs. 1, Abs. 2, Abs. 3 PsychKHG BW – Personenbezogene Daten
(1) Für die Verarbeitung personenbezogener Daten der untergebrachten Person oder Dritter gelten die Vorschriften des Landeskrankenhausgesetzes Baden-Württemberg sowie die allgemeinen datenschutzrechtlichen Bestimmungen, soweit nicht in den folgenden Absätzen abweichende oder ergänzende Regelungen getroffen werden.

(2) Personenbezogene Daten der untergebrachten Person und Dritter, insbesondere Angehöriger und gesetzliche Vertretungen, dürfen durch die Maßregelvollzugseinrichtungen, das Sozialministerium, die Strafvollstreckungsbehörden, die Träger der Bewährungshilfe, die forensischen Ambulanzen, die zuständigen Gerichte und andere beteiligte Behörden, wie insbesondere Polizeibehörden und den Strafvollzug, verarbeitet werden, soweit es für die Gewährung von Hilfen, für die ordnungsgemäße Unterbringung und Behandlung, einschließlich der staatlichen Aufsicht, und der Abwehr von Gefahren für die Sicherheit sowie das geordnete Zusammenleben in der Einrichtung, für Fahndungsmaßnahmen, für die Anschlussvollstreckung im Strafvollzug und für die Wiedereingliederung der Betroffenen nach der Entlassung erforderlich ist.

K. Neßeler, *Gutachterliche Stellungnahmen in der Maßregelvollstreckung (§ 63 StGB)*, MedR Schriftenreihe Medizinrecht,
https://doi.org/10.1007/978-3-662-73984-6

(3) Im Rahmen des Maßregelvollzugs sind Ärztinnen und Ärzte, Psychologinnen und Psychologen, Gerichte und Behörden befugt, der Einrichtung Strafurteile, staatsanwaltschaftliche Ermittlungssachverhalte, psychiatrische und psychologische Gutachten aus gerichtlichen oder staatsanwaltschaftlichen Verfahren, den Lebenslauf und Angaben über die bisherige Entwicklung sowie Angaben über Krankheiten, Körperschäden und Verhaltensauffälligkeiten der betroffenen Person zu übermitteln, es sei denn, dass Rechtsvorschriften außerhalb der allgemeinen Regelungen über die Berufs- und Amtsverschwiegenheit dies untersagen.

(4)–(5) (…)

Landesdatenschutzgesetz
(LDSG)
Vom 12. Juni 2018
(GBl. 2018, 173)

§ 17 S. 1 LDSG BW – Verarbeitung personenbezogener Daten im öffentlichen Interesse
Abweichend von Artikel 9 Absatz 1 der Verordnung (EU) 2016/679 ist die Verarbeitung besonderer Kategorien personenbezogener Daten zulässig, wenn die Verarbeitung aus Gründen eines erheblichen öffentlichen Interesses oder zur Abwehr einer erheblichen Gefahr für die öffentliche Sicherheit erforderlich ist und die Interessen der öffentlichen Stelle an der Datenverarbeitung die Interessen der betroffenen Person überwiegen (…).

II. Bayern

Gesetz über den Vollzug der Maßregeln der Besserung und Sicherung sowie der einstweiligen Unterbringung
(Bayerisches Maßregelvollzugsgesetz – BayMRVG)
Vom 17. Juli 2015
(GVBl. 2015, 222)
BayRS 312-3-A

Art. 34 Nr. 2, 3 BayMRVG – Datenschutz
Art. 93 Abs. 2 Satz 3 und 4, Art. 95 Abs. 2, Art. 196, 197 Abs. 1 Satz 1, Abs. 2 bis 5 und 7 bis 10, Art. 198 bis 205 BayStVollzG gelten mit folgenden Maßgaben entsprechend:

1. (…)

2. Die Verarbeitung personenbezogener Daten für andere Zwecke ist auch zulässig, soweit dies erforderlich ist für

a) Gutachten in einem Verfahren über die Betreuung einer untergebrachten Person,
b) die Geltendmachung von Ansprüchen der Maßregelvollzugseinrichtung oder von gegen sie oder einen ihrer Beschäftigten gerichteten Ansprüchen oder
c) die Aus-, Fort- und Weiterbildung der Beschäftigten der Maßregelvollzugseinrichtung oder für die Überprüfung ihrer Tätigkeit,

und überwiegende Interessen des Betroffenen der Verarbeitung nicht entgegenstehen.

3. Die Verarbeitung personenbezogener Daten für andere Zwecke ist auch zulässig, soweit dies zur Vorbereitung der Entscheidung über die Fortdauer der Unterbringung erforderlich ist.

4. (…)

Art. 35 Abs. 1 und Abs. 3 BayMRVG – Überprüfung der Voraussetzungen der Unterbringung

(1) [1]Die Maßregelvollzugseinrichtung hat während der Gesamtdauer der Unterbringung zu prüfen, ob die Vollstreckung der Unterbringung zur Bewährung ausgesetzt oder ob die Unterbringung für erledigt erklärt werden könnte. [2]Hält die Maßregelvollzugseinrichtung dies für möglich, unterrichtet sie unverzüglich die Vollstreckungsbehörde. [3]Sobald die Voraussetzungen einer Erledigung gemäß § 67d Abs. 5 Satz 1 StGB aus Sicht der Maßregelvollzugseinrichtung gegeben sind, hat sie die Erledigung der Unterbringung bei der zuständigen Vollstreckungsbehörde anzuregen.

(2) (…)

(3) Auf Anforderung der Vollstreckungsbehörde übermittelt die Maßregelvollzugseinrichtung eine gutachterliche Stellungnahme zur Vorbereitung der gerichtlichen Fortdauerentscheidungen.

III. Berlin

Gesetz über Hilfen und Schutzmaßnahmen bei psychischen Krankheiten (PsychKG) Vom 17. Juni 2016 (GVBl. 2017, 336)

§ 58 Abs. 1, Abs. 2, Abs. 5, Abs. 6, Abs. 7 S. 1 PsychKG Bln – Besondere interne und externe Überprüfung

(1) Bei jeder untergebrachten Person ist vor Ablauf der ersten drei Jahre der Unterbringung durch die klinisch-forensische Einrichtung in besonders ausführlicher Weise zu überprüfen, ob die weitere Unterbringung noch erforderlich ist. Diese Überprüfung und die für und gegen eine Fortdauer der Unterbringung sprechenden Tatsachen sowie die sich daraus ergebende Einschätzung der Gefahr weiterer erheblicher rechtswidriger Taten sind ausführlich zu dokumentieren.

(2) Bei den untergebrachten Personen, bei denen das Gericht aufgrund der Strafprozessordnung im Rahmen der Überprüfung nach § 67e des Strafgesetzbuches ein Gutachten eingeholt hat, ist vor Ablauf von weiteren drei Jahren der Unterbringung durch die klinisch-forensische Einrichtung das Gutachten einer oder eines Sachverständigen oder eine ausführliche Stellungnahme einer therapeutischen Mitarbeiterin oder eines therapeutischen Mitarbeiters der klinisch-forensischen Einrichtung einzuholen. Die oder der Sachverständige darf keine Mitarbeiterin oder kein Mitarbeiter der klinisch-forensischen Einrichtung sein. Die therapeutische Mitarbeiterin oder der therapeutische Mitarbeiter darf nicht in der Abteilung tätig sein, in der sich die untergebrachte Person befindet. Die in Satz 2 und 3 genannten Personen dürfen mit der untergebrachten Person zuvor nicht befasst gewesen sein.

(3)–(4) (…)

(5) Das nach Absatz 2 Satz 1 oder Absatz 3 erstellte Sachverständigengutachten soll

1. sich zur Frage der Erforderlichkeit einer weiteren Unterbringung äußern,

2. darlegen, in welcher Weise die Unterbringungsbedingungen der untergebrachten Person im Hinblick auf das Erreichen ihres individuellen Unterbringungsziels förderlich oder hinderlich erscheinen, und

3. Vorschläge für das weitere Vorgehen enthalten.

Satz 1 ist auf die ausführliche Stellungnahme nach Absatz 2 Satz 1 entsprechend anzuwenden.

(6) Die ärztliche Leitung der klinisch-forensischen Einrichtung teilt das Ergebnis der eigenen besonderen Überprüfung nach Absatz 1 und das Ergebnis des Sachverständigengutachtens oder der ausführlichen Stellungnahme, jeweils verbunden mit einer eigenen Stellungnahme, unverzüglich der Vollstreckungsbehörde mit.

(7) Unabhängig von den regelmäßigen Überprüfungspflichten hat die klinisch-forensische Einrichtung jederzeit gegenüber der Vollstreckungsbehörde die Aussetzung oder die Beendigung der Unterbringung oder eine Änderung der Vollstreckungsreihenfolge anzuregen, wenn sie die jeweiligen gesetzlichen Voraussetzungen für erfüllt hält (…).

§ 85 Abs. 6–8 PsychKG Bln – Verarbeitung personenbezogener Daten
(1)–(5) (…)

(6) Die in oder außerhalb von Unterbringungseinrichtungen nach Teil 3 und 4 tätigen und mit der Untersuchung, Beratung, Behandlung, Wiedereingliederung oder Sicherung von untergebrachten Personen beauftragten

1. Ärztinnen und Ärzte, Zahnärztinnen und Zahnärzte, Apothekerinnen und Apotheker sowie Angehörigen eines anderen Heilberufs, der für die Berufsausübung oder die Führung der Berufsbezeichnung eine staatlich geregelte Ausbildung erfordert,

2. Psychologischen Psychotherapeutinnen und Psychologischen Psychotherapeuten,

3. Berufspsychologinnen und Berufspsychologen mit staatlich anerkannter wissenschaftlicher Abschlussprüfung sowie

4. staatlich anerkannten Sozialarbeiterinnen und Sozialarbeiter sowie staatlich anerkannten Sozialpädagoginnen und Sozialpädagogen

(Berufsgeheimnisträger) sind im Hinblick auf den Austausch personenbezogener Daten untereinander zur Beachtung des Schutzes personenbezogener Daten verpflichtet.

(7) Soweit die Berufsgeheimnisträger gleichzeitig oder nacheinander dieselbe psychisch erkrankte Person oder untergebrachte Person behandeln, unterliegen sie im Verhältnis zueinander nicht der Schweigepflicht und sind zur umfassenden Information und Auskunft in dem Umfang verpflichtet, wie dies zum Zwecke einer zielgerichteten gemeinsamen und kontinuierlichen Behandlung erforderlich ist, eine wirksame Einwilligung der betroffenen Person vorliegt oder eine gegenseitige Offenbarung von Gesetzes wegen vorgesehen oder zulässig ist.

(8) Im Übrigen findet § 203 des Strafgesetzbuches Anwendung. Darüber hinaus ist allen bei den Trägern der Hilfen oder den Trägern von Einrichtungen oder in den Einrichtungen beschäftigten oder von diesen beauftragten Personen, die an der Erfüllung der Aufgaben nach diesem Gesetz beteiligt sind, die unbefugte Offenbarung fremder Geheimnisse und personenbezogener Daten, die ihnen bei ihrer Tätigkeit anvertraut oder sonst bekannt geworden sind, untersagt. Von nichtärztlich tätigen Personen, die an der Erfüllung der Aufgaben nach diesem Gesetz beteiligt sind, dürfen Daten nur unter den Voraussetzungen offenbart werden, unter denen eine der in § 203 Absatz 1 oder 3 des Strafgesetzbuches genannten Personen dazu befugt wäre.

§ 87 Abs. 2 PsychKG Bln – Erhebung von Daten untergebrachter Personen bei Dritten

(1) (…)

(2) Zulässig ist insbesondere die Erhebung von Daten gerichtlicher Entscheidungen und von gutachterlichen Stellungnahmen aus den Akten der gerichtlichen Verfahren, die

1. nst betreffen oder

2. die eine frühere Unterbringung aufgrund einer gerichtlichen Entscheidung betreffen,

soweit dies zur Erreichung des mit der gegenwärtigen Unterbringung angestrebten Zwecks erforderlich ist.

(3) (…)

§ 90 Abs. 1 Nr. 7 PsychKG Bln – Datenübermittlung an Dritte

(1) Einrichtungen nach Teil 3 und 4 dürfen außer mit Einwilligung der untergebrachten Person personenbezogene Daten an Personen und Stellen außerhalb der Einrichtung nur übermitteln, wenn und soweit dies erforderlich ist

1.–6. (…)

7. zur Wahrnehmung gesetzlicher Befugnisse der Einrichtung gegenüber der Vollstreckungsbehörde, der Strafvollstreckungskammer, den nach dem Jugendgerichtsgesetz zuständigen Gerichten, der Bewährungshilfe, der Jugendgerichtshilfe, dem Sozialpsychiatrischen Dienst, dem Kinder- und Jugendpsychiatrischen Dienst oder der rechtlichen Vertretung der betroffenen Person oder

8. (…)

(2)–(3) (…)

§ 93 Abs. 1 PsychKG Bln – Datenübermittlung an Sachverständige

(1) Sachverständigen, die von der klinisch-forensischen Einrichtung nach § 58 Absatz 2 Satz 1 oder Absatz 3 oder nach § 70 Absatz 4 mit der Erstellung eines Gutachtens beauftragt worden sind, können die zur Erfüllung dieses Auftrags erforderlichen Akten und Daten über die strafrechtsbezogen untergebrachte Person zur Einsichtnahme vorgelegt, in Papierform übergeben oder in elektronischer Form übermittelt werden.

(2) (…)

IV. Brandenburg

Gesetz über Hilfen und Schutzmaßnahmen sowie über den Vollzug gerichtlich angeordneter Unterbringung für psychisch Kranke (Brandenburgisches Psychisch-Kranken-Gesetz - BbgPsychKG) Vom 8. Februar 1996 (GVBl.I/96, [Nr. 04], S.26)

§ 50 Abs. 1 BbgPsychKG – Aussetzung und Erledigung der Maßregel, Umkehr der Vollstreckungsreihenfolge
(1) Die Maßregelvollzugseinrichtung hat gegenüber der Vollstreckungsbehörde die Aussetzung einer Maßregel der Besserung und Sicherung zur Bewährung, die Erledigung der Maßregel oder die Umkehr der Vollstreckungsreihenfolge anzuregen, sofern sie die gesetzlichen Voraussetzungen dieser Anordnungen für erfüllt hält.

(2) (…)

§ 62 BbgPsychKG – Überlassung von Akten
(1) Akten dürfen nur

1. anderen Einrichtungen und Aufsichtsbehörden,

2. der Gerichtshilfe, der Jugendgerichtshilfe, der Bewährungshilfe, den Führungsaufsichtsstellen und den forensischen Ambulanzen,

3. den für strafvollstreckungs- und strafrechtliche Entscheidungen zuständigen Gerichten und

4. den Strafvollstreckungs- und Strafverfolgungsbehörden

überlassen oder im Falle elektronischer Aktenführung in Form von Duplikaten übermittelt werden, soweit dies für vollzugliche Zwecke und Zwecke des gerichtlichen Rechtsschutzes unerlässlich ist.

(2) Werden Sachverständige mit der Begutachtung untergebrachter Personen nach § 39 Absatz 2 oder § 43 Satz 3 beauftragt, ist ihnen Einsicht in die Krankenakten zu gewähren, soweit dies für die gutachterliche Tätigkeit unerlässlich ist.

§ 64 Abs. 2 Nr. 1, 2, 4, Abs. 4 BbgPsychKG – Übermittlung personenbezogener Daten
(1) (…)

(2) Die Übermittlung von personenbezogenen Daten ist über Absatz 1 hinaus auch zulässig, soweit dies erforderlich ist:

1. zur Abwehr erheblicher Nachteile für das Gemeinwohl oder einer Gefahr für die öffentliche Sicherheit,

2. zur Abwehr einer schwerwiegenden Beeinträchtigung der Rechte einer anderen Person,

3. (…)

4. für Maßnahmen der Strafvollstreckung oder strafvollstreckungsrechtliche Entscheidungen,

5.–10. (…)

(3) (…)

(4) Personenbezogene Daten, die im Rahmen einer Behandlungsmaßnahme oder gegenüber einer zur Verschwiegenheit gesetzlich verpflichteten Person zu sonstigen Zwecken ohne rechtliche Verpflichtung anvertraut worden sind, dürfen nur im Rahmen dieser Zweckbestimmung gespeichert oder genutzt werden. Eine Übermittlung oder sonstige Weitergabe an andere Stellen ist nur zulässig mit Einwilligung der betroffenen Person sowie in den Fällen des Absatzes 2 Satz 1 Nummer 1 und 2. Im Falle des Absatzes 1 Satz 1 Nummer 3 ist eine Übermittlung und Weitergabe an andere Stellen zulässig, soweit es sich um die Verfolgung von Straftaten handelt, die von § 138 des Strafgesetzbuches erfasst sind.

(5) (…)

V. Bremen

Bremisches Gesetz über Hilfen und Schutzmaßnahmen bei psychischen Krankheiten (BremPsychKG)
Vom 13. Dezember 2022
(Brem.GBl. 2022, 901)

§ 82 BremPsychKG – Anregung einer Aussetzung zur Bewährung
Die Einrichtung unterrichtet die Vollstreckungsbehörde und die Strafvollstreckungskammer, sobald sie es für geboten hält, die Vollstreckung der Unterbringung zur Bewährung auszusetzen.

§ 92 S. 2 BremPsychKG – Besonderer Schutz von Gesundheitsdaten
Eine Weitergabe von Gesundheitsdaten ist nur zulässig, wenn und soweit dies nach diesem Gesetz ausdrücklich erlaubt und zur Erfüllung der Aufgaben nach diesem Gesetz unerlässlich ist.

§ 96 BremPsychKG – Zusammenwirken von Berufsgeheimnisträgern
Die in oder außerhalb von Unterbringungseinrichtungen nach Teil 3 oder Teil 4 tätigen und mit der Unterbringung, Beratung, Behandlung, Wiedereingliederung oder Sicherung von untergebrachten Personen beauftragten Berufsgeheimnisträger sind im Hinblick auf den Austausch personenbezogener Daten untereinander zur Beachtung des Schutzes personenbezogener Daten verpflichtet. Sie unterliegen im Verhältnis zueinander, soweit sie gleichzeitig oder nacheinander dieselbe Person behandeln, nicht der Schweigepflicht und sind zur umfassenden Information und Auskunft in dem Umfang verpflichtet, als

1. dies zum Zwecke einer zielgerichteten gemeinsamen und kontinuierlichen Behandlung erforderlich ist,
2. eine wirksame Einwilligung der betroffenen Person vorliegt oder
3. eine gegenseitige Offenbarung von Gesetzes wegen vorgesehen ist.

§ 97 Abs. 1 BremPsychKG – Datenerhebung im Maßregelvollzug
(1) Im Rahmen der Unterbringung nach Teil 4 sind Ärztinnen und Ärzte, Psychotherapeutinnen und Psychotherapeuten, Psychologinnen und Psychologen, Gerichte und Behörden befugt, der Einrichtung Strafurteile, staatsanwaltliche Ermittlungssachverhalte, psychiatrische und psychologische Gutachten aus gerichtlichen oder staatsanwaltlichen Verfahren, den Lebenslauf und Angaben über bisherige Entwicklung sowie Angaben über Krankheiten, Körperschäden und Verhaltensauffälligkeiten der untergebrachten Person zu übermitteln, es sei denn, dass Rechtsvorschriften außerhalb der allgemeinen Regelungen über die Berufs- und Amtsverschwiegenheit dies untersagen.

(2) (…)

§ 98 Abs. 1 Nr. 7 BremPsychKG – Datenübermittlung durch die Einrichtung an Dritte
(1) Einrichtungen nach Teil 3 und Teil 4 dieses Gesetzes dürfen außer mit Einwilligung der untergebrachten Person personenbezogene Daten an Personen und Stellen außerhalb der Einrichtung nur übermitteln, wenn und solange dies erforderlich ist

1.–6. (…)

7. im Rahmen der gesetzlich vorgesehenen Beteiligung von Gerichten, des Sozialpsychiatrischen Dienstes, der Vollstreckungsbehörde, der Bewährungshilfe, der Führungsaufsicht oder der rechtlichen Vertretung der betroffenen Person,

8.–10. (…)

(2)–(3) (…)

Bremisches Ausführungsgesetz zur EU-Datenschutz-Grundverordnung (BremDSGVOAG) Vom 8. Mai 2018 (BremGBl. 2018, 131)

§ 4 Abs. 1 Nr. 3, Abs. 2, Abs. 3 BremDSGVOAG – Verarbeitung personenbezogener Daten zu anderen Zwecken
(1) Die Verarbeitung personenbezogener Daten zu einem anderen Zweck als zu demjenigen, zu dem die personenbezogenen Daten ursprünglich erhoben wurden, ist im Rahmen der Aufgabenerfüllung des Verantwortlichen zulässig, wenn

1.–2. (…)

3. sie zur Verfolgung von Straftaten oder Ordnungswidrigkeiten, zur Vollstreckung oder zum Vollzug von Strafen oder Maßnahmen gemäß § 11 Absatz 1 Nummer 8 des Strafgesetzbuchs oder von Erziehungsmaßregeln oder Zuchtmitteln im Sinne des Jugendgerichtsgesetzes oder zur Vollstreckung von Geldbußen erforderlich ist,

4.–6. (…)

(2) Die Verarbeitung besonderer Kategorien personenbezogener Daten im Sinne des Artikels 9 Absatz 1 der Verordnung (EU) 2016/679 in der jeweils geltenden Fassung zu einem anderen Zweck als zu demjenigen, zu dem die personenbezogenen Daten erhoben wurden, ist im Rahmen der Aufgabenerfüllung des Verantwortlichen zulässig, wenn die Voraussetzungen des Absatzes 1 und ein Ausnahmetatbestand nach Artikel 9 Absatz 2 der Verordnung (EU) 2016/679 in der jeweils geltenden Fassung oder nach § 11 Absatz 1 vorliegen.

(3) Unterliegen personenbezogene Daten, die von einer zur Verschwiegenheit verpflichteten Person oder Stelle übermittelt worden sind, einem Berufsgeheimnis, ist ihre Verarbeitung zu einem anderen Zweck im Sinne der Absätze 1 und 2 nicht zulässig, außer die zur Verschwiegenheit verpflichtete Person oder Stelle hat eingewilligt.

(4)–(5) (…)

VI. Hamburg

Gesetz über den Vollzug von Maßregeln der Besserung und Sicherung in einem psychiatrischen Krankenhaus oder einer Entziehungsanstalt (Hamburgisches Maßregelvollzugsgesetz - HmbMVollzG) Vom 7. September 2007 (HmbGVBl. 2007, 301)

§ 27 HmbMVollzG – Anregung einer Aussetzung zur Bewährung
Die Vollzugseinrichtung unterrichtet Vollstreckungsbehörde und Strafvollstreckungskammer, sobald sie es für geboten hält, die Vollstreckung der Unterbringung zur Bewährung auszusetzen.

§ 42 Abs. 2 S. 1 Nr. 1 und S. 2, S. 4, S. 5 HmbMVollzG – Datenverarbeitung zu anderen Zwecken
(1) (…)

(2) Die verantwortlichen Stellen dürfen personenbezogene Daten darüber hinaus an Dritte durch Übermittlung offenlegen, soweit dies erforderlich ist

1. zur Unterrichtung der Vollstreckungsbehörde, der Strafvollstreckungskammer, der Führungsaufsichtsstelle oder der Bewährungshilfe,

2.–7. (…)

Die Offenlegung durch Übermittlung personenbezogener Daten besonderer Kategorien ist zu den Zwecken nach Satz 1 zulässig, soweit sie unbedingt erforderlich ist (…). Die Übermittlung personenbezogener Daten ist auch zulässig, wenn sie der Bearbeitung von Eingaben, parlamentarischen Anfragen oder Aktenvorlageersuchen der Bürgerschaft dient und überwiegende schutzwürdige Interessen der betroffenen Person nicht entgegenstehen. Unterliegen die personenbezogenen Daten einem Berufsgeheimnis und sind sie den verantwortlichen Stellen von der zur Verschwiegenheit verpflichteten Person in Ausübung ihrer Berufspflicht offengelegt worden, findet Satz 4 keine Anwendung.

(3)–(4) (…)

VII. Hessen

Gesetz über den Vollzug von Maßregeln der Besserung und Sicherung in einem psychiatrischen Krankenhaus und in einer Entziehungsanstalt (Maßregelvollzugsgesetz) Vom 3. Dezember 1981 (GVBl. I 1981, 414)

§ 36 Abs. 1 Nr. 1 und Nr. 2, Abs. 3 HessMVollzG – Datenschutz
(1) § 58 Abs. 1 Satz 1 und 2, Abs. 2, 5 und 6, die §§ 59, 60 Abs. 1, 2, 3 Satz 1, 2, 4 und 5, Abs. 4 bis 7, die §§ 61, 62 Abs. 1, § 63 Abs. 2 Satz 1 und § 65 Abs. 1, 2, 4 bis 6 des Hessischen Strafvollzugsgesetzes gelten entsprechend mit der Maßgabe, dass

1. Daten über die untergebrachte Person bei ihr erhoben werden sollen und bei Dritten erhoben werden dürfen, soweit die Daten zur Beurteilung des Gesundheitszustands der untergebrachten Person oder zu ihrer Eingliederung erforderlich sind oder soweit eine Erhebung bei der untergebrachten Person nicht möglich ist,

2. zu den Daten über die untergebrachte Person auch die Angaben über gegenwärtige oder frühere Krankheiten, Körperschäden und Verhaltensauffälligkeiten der untergebrachten Person zählen,

3.–7. (…)

(2) (…)

(3) Ärztinnen und Ärzte, sonstige behandelnde oder betreuende Personen sowie Gerichte und Behörden sind, wenn Daten nach Abs. 1 Nr. 1 und 2 bei ihnen erhoben werden, befugt, den zuständigen Stellen die erhobenen Angaben zu

übermitteln, soweit diese zur Durchführung des Maßregelvollzugs benötigt werden und Rechtsvorschriften außerhalb der allgemeinen Regelungen über die Berufs- und Amtsverschwiegenheit die Übermittlung nicht untersagen.

(4)–(5) (…)

Hessisches Datenschutz- und Informationsfreiheitsgesetz (HDSIG) Vom 3. Mai 2018 (GVBl. 2018, 82)

§ 21 Abs. 1 Nr. 4, Abs. 2 HDSIG – Verarbeitung zu anderen Zwecken

(1) Die Verarbeitung personenbezogener Daten zu einem anderen Zweck als zu demjenigen, zu dem die Daten erhoben wurden, durch öffentliche Stellen im Rahmen ihrer Aufgabenerfüllung ist zulässig, wenn

1.–3. (…)

4. sie zur Verfolgung von Straftaten oder Ordnungswidrigkeiten, zur Vollstreckung oder zum Vollzug von Strafen oder Maßnahmen im Sinne des § 11 Abs. 1 Nr. 8 des Strafgesetzbuchs oder von Erziehungsmaßregeln oder Zuchtmitteln im Sinne des Jugendgerichtsgesetzes oder zur Vollstreckung von Geldbußen erforderlich ist,

5.–6. (…)

(2) Die Verarbeitung besonderer Kategorien personenbezogener Daten im Sinne des Art. 9 Abs. 1 der Verordnung (EU) Nr. 2016/679 zu einem anderen Zweck als zu demjenigen, zu dem die Daten erhoben wurden, ist zulässig, wenn die Voraussetzungen des Abs. 1 und ein Ausnahmetatbestand nach Art. 9 Abs. 2 der Verordnung (EU) Nr. 2016/679 oder nach § 20 Abs. 1 vorliegen.

(3) (…)

§ 40 Abs. 1 und 2 HDSIG – Anwendungsbereich

(1) Die Vorschriften dieses Teils gelten für die Verarbeitung personenbezogener Daten durch die für die Verhütung, Ermittlung, Aufdeckung, Verfolgung oder Ahndung von Straftaten oder Ordnungswidrigkeiten, einschließlich des Schutzes vor und der Abwehr von Gefahren für die öffentliche Sicherheit, zuständigen öffentlichen Stellen. Dies gilt, soweit die öffentlichen Stellen zum Zwecke der Erfüllung dieser Aufgaben personenbezogene Daten verarbeiten. Die öffentlichen Stellen gelten dabei als Verantwortliche.

(2) Abs. 1 findet auch Anwendung auf diejenigen öffentlichen Stellen, die für die Vollstreckung und den Vollzug von Strafen, von Maßnahmen im Sinne des § 11 Abs. 1 Nr. 8 des Strafgesetzbuchs, von Erziehungsmaßregeln oder Zuchtmitteln im Sinne des Jugendgerichtsgesetzes und von Geldbußen zuständig sind.

(3) (…)

VIII. Mecklenburg-Vorpommern

Gesetz über Hilfen und Schutzmaßnahmen für Menschen mit psychischen Krankheiten (Psychischkrankengesetz- PsychKG M-V)
Vom 14. Juli 2016
(GVOBl. M-V 2016, 593)

§ 47 Abs. 1, Abs. 2 S. 1, Abs. 3, Abs. 11 S. 2 PsychKG M–V – Datenschutzrechtliche Bestimmungen

(1) Für die Verarbeitung personenbezogener Daten der Menschen mit psychischen Krankheiten oder Dritter gelten ergänzend zur Datenschutz-Grundverordnung und den nachfolgenden Regelungen die Vorschriften des Landesdatenschutzgesetzes und des Landeskrankenhausgesetzes. Nehmen nicht öffentliche Stellen Aufgaben nach diesem Gesetz wahr, findet § 22 Absatz 3 des Landesdatenschutzgesetzes keine Anwendung.

(2) Gesundheitsdaten der Menschen mit psychischen Krankheiten dürfen durch die einweisende Behörde, die Gerichte, das für Gesundheit zuständige Ministerium, den Sozialpsychiatrischen Dienst, den Landrat und den Oberbürgermeister sowie die Einrichtungen oder die Einrichtungen des Maßregelvollzuges verarbeitet werden, soweit es für die Gewährung von Hilfen, für die ordnungsgemäße Unterbringung und Behandlung einschließlich der staatlichen Aufsicht und der Abwehr von Gefahren, für die Sicherheit sowie das geordnete Zusammenleben in den Einrichtungen und für die Wiedereingliederung der Menschen mit psychischen Krankheiten nach der Entlassung erforderlich ist (…).

(3) Abweichend von den allgemeinen Regelungen über die Berufs- und Amtsverschwiegenheit sind die behandelnde Ärztin oder der Arzt oder die behandelnde Psychotherapeutin oder der Psychotherapeut oder die behandelnde Kinder- und Jugendlichenpsychotherapeutin oder der Kinder- und Jugendlichenpsychotherapeut oder die behandelnde Psychologin oder der Psychologe sowie Gerichte und Behörden im Rahmen der Unterbringung im Maßregelvollzug befugt, den Einrichtungen des Maßregelvollzuges Strafurteile, staatsanwaltliche Ermittlungssachverhalte, ärztliche, psychiatrische und psychologische Gutachten aus gerichtlichen oder staatsanwaltlichen Verfahren, den Lebenslauf und Angaben über die bisherige Entwicklung sowie Angaben über Krankheiten, Körperschäden und Verhaltensauffälligkeiten der Menschen mit psychischen Krankheiten zu übermitteln.

(4)–(10) (…)

(11) (…) Darüber hinaus sind die behandelnde Ärztin oder der Arzt oder die behandelnde Psychotherapeutin oder der Psychotherapeut oder die behandelnde Kinder- und Jugendlichenpsychotherapeutin oder der Kinder- und Jugendlichenpsychotherapeut oder die behandelnde Psychologin oder der Psychologe befugt, die Einrichtungen des Maßregelvollzugs, das Gericht oder die Strafvollstreckungskammer zu unterrichten, wenn die medizinischen

Anordnungen von den Menschen mit psychischen Krankheiten nicht eingehalten werden oder eine medizinische Behandlung nicht mehr erforderlich ist.

Datenschutzgesetz für das Land Mecklenburg-Vorpommern
(Landesdatenschutzgesetz - DSG M-V)
Vom 22. Mai 2018
(GVOBl. M-V 2018, 193)

§ 4 Abs. 2 Nr. 2, Abs. 3 LDSG M–V – Zulässigkeit der Verarbeitung
(1) (…)

(2) Eine Verarbeitung zu einem anderen Zweck als demjenigen, zu dem die personenbezogenen Daten erhoben wurden, ist zulässig, wenn

1. (…)

2. es zur Verfolgung von Straftaten und Ordnungswidrigkeiten, zur Vollstreckung oder zum Vollzug von Strafen, von Maßnahmen nach § 11 Absatz 1 Nummer 8 des Strafgesetzbuches, von Erziehungsmaßregeln oder von Zuchtmitteln im Sinne des Jugendgerichtsgesetzes oder zur Vollstreckung von Bußgeldentscheidungen erforderlich ist,

3.–5. (…)

(3) Besondere Amts- oder Berufsgeheimnisse bleiben unberührt.

(4)–(5) (…)

IX. Niedersachsen

Niedersächsisches Maßregelvollzugsgesetz
(Nds. MVollzG)
Vom 1. Juni 1982
(Nds. GVBl. 1982, 131)

§ 16 Abs. 1 Nds. MVollzG – Mitwirkung bei der Aussetzung zur Bewährung und der Entlassung
(1) Die Vollzugsleitung unterrichtet die Vollstreckungsbehörde, wenn sie es für geboten hält, die Vollstreckung der Unterbringung zur Bewährung auszusetzen.

(2) (…)

§ 21b Nds. MVollzG – Besonders schutzwürdige Daten
Besondere Kategorien personenbezogener Daten im Sinne des Artikels 9 Abs. 1 der Datenschutz-Grundverordnung und andere personenbezogene Daten, die

einem Berufsgeheimnis oder einem besonderen Amtsgeheimnis unterfallen, dürfen von den Stellen, die Aufgaben nach diesem Gesetz wahrnehmen, zur Erfüllung ihrer jeweiligen Aufgaben verarbeitet werden.

Niedersächsisches Datenschutzgesetz
(NDSG)
Vom 16. Mai 2018
(Nds. GVBl. 2018, 66)

§ 17 Abs. 1 Nr. 4, Nr. 6 NDSG – Verarbeitung besonderer Kategorien personenbezogener Daten
(1) Die Verarbeitung besonderer Kategorien personenbezogener Daten im Sinne des Artikels 9 Abs. 1 der Datenschutz-Grundverordnung ist zulässig, soweit und solange es erforderlich ist

1.–3. (…)

4. aus Gründen des öffentlichen Interesses im Bereich der öffentlichen Gesundheit und des Infektionsschutzes, wie dem Schutz vor schwerwiegenden grenzüberschreitenden Gesundheitsgefahren oder zur Gewährleistung hoher Qualitäts- und Sicherheitsstandards bei der Gesundheitsversorgung und bei Arzneimitteln und Medizinprodukten; ergänzend zu den in den Absätzen 2 und 3 genannten Maßnahmen sind insbesondere die berufsrechtlichen und strafrechtlichen Vorgaben zur Wahrung des Berufsgeheimnisses einzuhalten,

5. (…)

6. zur Verfolgung von Straftaten oder Ordnungswidrigkeiten, zur Vollstreckung oder zum Vollzug von Strafen oder Maßnahmen im Sinne des § 11 Abs. 1 Nr. 8 des Strafgesetzbuchs (StGB) oder von Erziehungsmaßregeln oder Zuchtmitteln im Sinne des Jugendgerichtsgesetzes oder zur Vollstreckung von Bußgeldentscheidungen.

(2)–(4) (…)

X. Nordrhein-Westfalen

Gesetz zur Durchführung strafrechtsbezogener Unterbringungen in einem psychiatrischen Krankenhaus und einer Entziehungsanstalt in Nordrhein-Westfalen (Strafrechtsbezogenes Unterbringungsgesetz NRW - StrUG NRW)
Vom 17. Dezember 2021
(GV. NRW. 2021, 1494)

§ 5 Abs. 1 S. 1 StrUG NRW – Überprüfung der Unterbringung
(1) Die Einrichtung unterrichtet die Strafvollstreckungsbehörde, sobald es nach ihrer Beurteilung geboten ist, die Aussetzung der Vollstreckung der Maßregel zur

Bewährung oder die Verhältnismäßigkeit der Dauer der Unterbringung zu prüfen (...).

(2) (...)

§ 38 Abs. 1, Abs. 2 S. 1 Nr. 1, S. 2, Abs. 3 StrUG NRW – Datenübermittlung

(1) Die verantwortlichen Stellen dürfen bei Ärztinnen und Ärzten, sonstigen behandelnden oder betreuenden Personen, Gerichten, Staatsanwaltschaften und Behörden Daten, insbesondere Strafurteile, staatsanwaltschaftliche Ermittlungssachverhalte, psychiatrische und psychologische Gutachten aus gerichtlichen und staatsanwaltlichen Verfahren, den Lebenslauf und Angaben über die bisherige Entwicklung sowie Angaben über Krankheiten, Körperschäden und Verhaltensauffälligkeiten der untergebrachten Person erheben, es sei denn, dass Rechtsvorschriften außerhalb der allgemeinen Regelungen über die Berufs- und Amtsverschwiegenheit dies untersagen. Für besondere Kategorien personenbezogener Daten im Sinne des § 36 Nummer 18 des Datenschutzgesetzes Nordrhein-Westfalen gilt dies nur, sofern dies zur Aufgabenerfüllung unbedingt erforderlich ist.

(2) Die verantwortlichen Stellen im Sinne des § 37 Absatz 1 dürfen personenbezogene Daten, sofern Datenübermittlungen nicht nach anderen Vorschriften zulässig sind, an Dritte übermitteln, soweit dies erforderlich ist

1. zur Unterrichtung der Strafvollstreckungsbehörde, der Ermittlungsrichterin oder des Ermittlungsrichters, des erkennenden und des vollstreckenden Gerichts, der Führungsaufsichtsstelle oder der Bewährungshilfe,

2.–12. (...)

Besondere Kategorien personenbezogener Daten gemäß § 36 Nummer 18 des Datenschutzgesetzes Nordrhein-Westfalen dürfen nur übermittelt werden, sofern die Übermittlung zur Erfüllung der genannten Aufgabe unbedingt erforderlich ist.

(3) Datenübermittlungen nach diesem Gesetz zu anderen als den in § 37 Absatz 1 genannten Zwecken sind nur zulässig, wenn der konkrete Übermittlungszweck in angemessenem Verhältnis zu der Art der Eingriffsintensität der Erhebungsform und der Art der erhobenen personenbezogenen Daten steht. Ein angemessenes Verhältnis liegt regelmäßig vor, wenn die Übermittlung zu Zwecken nach Absatz 2 erfolgt oder die Stelle, die die Daten empfängt, diese auch selbst hätte erheben dürfen.

(4)–(7) (...)

XI. Rheinland-Pfalz

Landesgesetz über den Vollzug freiheitsentziehender Maßregeln (Maßregelvollzugsgesetz - MVollzG -) Vom 22. Dezember 2015 (GVBl. 2015, 487)

§ 16 Abs. 1 S. 1 MVollzG RP – Überprüfung der Unterbringung

(1) Die Einrichtung unterrichtet die Vollstreckungsbehörde über wesentliche Änderungen des Zustands der untergebrachten Person, die Anlass für eine gerichtliche Überprüfung der Unterbringungsanordnung geben können (…).

(2) (…)

§ 42 Abs. 2 S. 1 Nr. 1 S. 2, Abs. 4 MVollzG RP – Allgemeine Datenschutzbestimmungen

(1) (…)

(2) Eine Übermittlung personenbezogener Daten ist nur zulässig,

1. soweit sie erforderlich ist

a) zur Erfüllung einer gesetzlich vorgeschriebenen Behandlungs-, Sicherungs- oder Mitteilungspflicht,
b) zur Durchführung der Unterbringung,
c) zur Abwehr von Gefahren für das Leben, die Gesundheit oder die persönliche Freiheit der betroffenen Person oder einer dritten Person, sofern der Schutz der genannten Rechtsgüter das Geheimhaltungsinteresse der betroffenen Person erheblich überwiegt,
d) zur Durchführung eines mit der Unterbringung zusammenhängenden gerichtlichen Verfahrens oder
e) zur Feststellung der Kostenträgerschaft und zur Abrechnung,

2.–3. (…)

Im Übrigen ist eine Übermittlung personenbezogener Daten nur mit Einwilligung der betroffenen Person zulässig; Absatz 1 Satz 2 bis 5 gilt entsprechend.

(3) (…)

(4) Personenbezogene Daten, die im Rahmen einer Beratung oder zu sonstigen Zwecken ohne rechtliche Verpflichtung anvertraut worden sind, dürfen nur im Rahmen dieser Zweckbestimmung gespeichert oder genutzt werden. Eine Übermittlung oder sonstige Weitergabe an andere Personen oder Stellen ist nur in den Fällen des Absatzes 2 Satz 1 Nr. 1 Buchst. a oder Buchst. c oder Satz 2 zulässig.

(5)–(7) (…)

XII. Saarland

Gesetz über den Vollzug von Maßregeln der Besserung und Sicherung in einem psychiatrischen Krankenhaus und einer Entziehungsanstalt (Maßregelvollzugsgesetz - MRVG) Vom 19. März 2025 (Amtsblatt I 2025, 370)

§ 13 Abs. 1 MRVG SL – Überprüfung der Voraussetzungen der Unterbringung
(1) Die Maßregelvollzugseinrichtung hat während der Gesamtdauer der Unterbringung zu prüfen, ob die Vollstreckung der Unterbringung zur Bewährung ausgesetzt werden kann, oder ob die Unterbringung für erledigt erklärt werden muss. Hält die Maßregelvollzugseinrichtung dies für möglich, unterrichtet sie unverzüglich die Vollstreckungsbehörde.

(2) (…)

§ 37 S. 1, S. 2 Nr. 1–2 MRVG SL – Personenbezogene Daten
Alle Daten über untergebrachte Personen unterliegen unabhängig von der Art ihrer Verarbeitung dem Datenschutz. Daten über untergebrachte Personen sind insbesondere

1. die der Identifizierung der untergebrachten Person dienenden Angaben,

2. Angaben über die Krankengeschichte, insbesondere auch Sozialberichte, Befunde, Therapien sowie ärztliche, psychiatrische und psychologische Gutachten, die über die untergebrachte Person erstattet werden,

3.–8. (…)

§ 38 Abs. 5 Nr. 1 MRVG SL – Verarbeitung personenbezogener Daten
(1)–(4) (…)

(5) Die Übermittlung von Daten der untergebrachten Personen an Personen und Stellen außerhalb der Maßregelvollzugseinrichtung ist zulässig, wenn ein Gesetz die Übermittlung erlaubt oder dies erforderlich ist zur

1. Unterrichtung der Strafvollstreckungsbehörde, der Ermittlungsrichterin oder des Ermittlungsrichters, des erkennenden und des vollstreckenden Gerichts, der Führungsaufsichtsstelle oder der Bewährungshilfe,

2.–18. (…)

Saarländisches Datenschutzgesetz (DSG SL) Vom 16. Mai 2018 (Amtsblatt I 2018, 254)

§ 8 Abs. 1 Nr. 6 DSG SL – Verarbeitung besonderer Kategorien personenbezogener Daten
(1) Die Verarbeitung besonderer Kategorien personenbezogener Daten im Sinne von Artikel 9 Absatz 1 der Verordnung (EU) 2016/679 ist unbeschadet der in Artikel 9 Absatz 2 der Verordnung (EU) 2016/679 genannten Ausnahmen zulässig, soweit es erforderlich ist

1.–5. (…)

6. zur Verfolgung von Straftaten oder Ordnungswidrigkeiten, zur Vollstreckung oder zum Vollzug von Strafen oder Maßnahmen im Sinne des § 11 Absatz 1 Nummer 8 des Strafgesetzbuchs oder von Erziehungsmaßregeln oder Zuchtmitteln im Sinne des Jugendgerichtsgesetzes oder zur Vollstreckung von Bußgeldentscheidungen,

7. für die in § 7 Absatz 1 genannten Zwecke.

(2) (…)

XIII. Sachsen

Sächsisches Psychisch-Kranken-Hilfe-Gesetz (SächsPsychKHG) Vom 22. Juli 2024 (SächsGVBl. 2024, 673)

§ 86 S. 1 SächsPsychKHG – Besonders schutzwürdige Daten
[1]Besondere Kategorien personenbezogener Daten im Sinne des Artikels 9 Absatz 1 der Datenschutz-Grundverordnung und andere personenbezogene Daten, die einem Berufsgeheimnis oder einem besonderen Amtsgeheimnis unterfallen, dürfen die Landkreise und Kreisfreien Städte sowie die an einem Unterbringungsverfahren beteiligten Stellen für andere Zwecke als die, für welche die Daten erhoben und gespeichert worden sind, nur weiterverarbeiten, wenn

1. die betroffene Person eingewilligt hat,

2. eine Rechtsvorschrift dies erlaubt oder

3. eine Lebensgefahr oder eine Gefahr für die körperliche Unversehrtheit nicht anders abgewendet werden kann.

[2] (…)

§ 91 Abs. 1 und 8 SächsPsychKHG – Entsprechende Geltung der Regelungen für den Justizvollzug

(1) Neben § 4 Absatz 2 und 3 sowie den Vorschriften dieses Unterabschnitts gelten § 2 Nummer 2 bis 21 und 23, die §§ 3 bis 9, § 10 mit Ausnahme von Absatz 3 Satz 2, § 12 mit Ausnahme von Absatz 8 und 10 Nummer 1, § 13 Absatz 1 bis 3, die §§ 14 bis 16, 18 bis 21, 23 bis 28, 36 bis 44, 52 bis 63 und 65 des Sächsischen Justizvollzugsdatenschutzgesetzes entsprechend, soweit in den folgenden Absätzen nichts anderes geregelt ist.

(2)–(7) (…)

(8) Eine Übermittlung an öffentliche Stellen nach § 12 Absatz 6 Nummer 1 des Sächsischen Justizvollzugsdatenschutzgesetzes ist auch zulässig, soweit dies unbedingt erforderlich ist für

1. die Erstellung von Gutachten zur Feststellung des Vorliegens der Voraussetzungen für die Unterbringung im Maßregelvollzug,

2. Entscheidungen über Vollzugslockerungen oder

3. die Erreichung der in Absatz 6 Nummer 1 bis 3 genannten Zwecke.

(9)–(14) (…)

§ 92 SächsPsychKHG – Übermittlung an die Maßregelvollzugseinrichtung
Personen nach § 203 Absatz 1 Nummer 1, 2 und 6 des Strafgesetzbuches sowie Gerichte und Behörden sind befugt, der Maßregelvollzugseinrichtung Strafurteile, staatsanwaltschaftliche Ermittlungssachverhalte, psychiatrische und psychologische Gutachten aus gerichtlichen oder staatsanwaltschaftlichen Verfahren, den Lebenslauf und Angaben über die bisherige Entwicklung sowie Angaben über Krankheiten, Körperschäden und Verhaltensauffälligkeiten der Patientin oder des Patienten zu übermitteln, soweit dies im Rahmen des Maßregelvollzuges erforderlich ist, es sei denn, dass Rechtsvorschriften außerhalb der allgemeinen Regelungen über die Berufs- und Amtsverschwiegenheit dies untersagen.

Sächsisches Justizvollzugsdatenschutzgesetz (SächsJVollzDSG) Vom 22. August 2019 (SächsGVBl. 2019, 663)

§ 10 Abs. 2 Nr. 6, Abs. 3 SächsJVollzDSG – Speicherung und Nutzung
(1) (…)

(2) Die Justizvollzugsbehörden dürfen personenbezogene Daten, die sie zulässig erhoben haben, zu Zwecken, zu denen sie nicht erhoben wurden, nur speichern und nutzen, soweit

1.–5. (…)

6. dies für Maßnahmen der Strafvollstreckung oder strafvollstreckungsrechtliche Entscheidungen oder für den Vollzug der Unterbringung in einem psychiatrischen

Krankenhaus oder in einer Entziehungsanstalt hinsichtlich der betroffenen Personen erforderlich ist.

(3) [1]Das Speichern oder Nutzen von zulässig erhobenen personenbezogenen Daten besonderer Kategorien für Zwecke, zu denen sie nicht erhoben wurden, ist nur zulässig, soweit dies zu den in Absatz 2 oder § 8 Absatz 1 Nummer 5 und 6 genannten Zwecken unbedingt erforderlich ist. [2]Wurden die personenbezogenen Daten besonderer Kategorien von einer Amts- oder Berufsgeheimnisträgerin oder einem Amts- oder Berufsgeheimnisträger erhoben, dürfen sie, soweit dieses Gesetz nichts anderes bestimmt, nur für den Zweck der Erhebung gespeichert oder genutzt werden.

(4)–(6) (...)

§ 12 Abs. 6 Nr. 1 lit. a) SächsJVollzDSG – Übermittlung an öffentliche und nichtöffentliche Stellen

(1)–(5) (...)

(6) Zulässig erhobene personenbezogene Daten besonderer Kategorien dürfen übermittelt werden an:

1. öffentliche Stellen mit der Maßgabe, dass die Übermittlung unbedingt erforderlich sein muss und nur unter den Voraussetzungen von

a) § 10 Absatz 1 oder Absatz 3 oder § 30 oder

(...)

(7)–(11) (...)

XIV. Sachsen-Anhalt

Maßregelvollzugsgesetz Sachsen-Anhalt (MVollzG LSA) Vom 21. Oktober 2010 (GVBl. LSA 2010, 510)

§ 32 Abs. 1 S. 1–3 MVollzG LSA – Grundsätze

(1) Über die in der therapeutischen Behandlung gemachten Feststellungen und getroffenen Maßnahmen sind die erforderlichen Aufzeichnungen in der für jede untergebrachte Person zu führenden Behandlungsakte, einschließlich von Angaben zur Herkunft von bei Dritten erhobenen Daten, vorzunehmen. Die Einrichtung darf dazu Daten über die untergebrachte Person verarbeiten, soweit dies im Zusammenhang mit dem Vollzug der Unterbringung, zur Abwehr von Gefahren für die Sicherheit oder das geordnete Zusammenleben oder zur Verhinderung weiterer rechtswidriger Taten erforderlich ist. Zu den Daten gehören insbesondere

1. die der Identifizierung dienenden Angaben (Familienname, Vornamen, Geschlecht, Geburtstag und -ort sowie Geburtsland, Anschrift, Staatsangehörigkeit) einschließlich aktueller Lichtbilder und Messungen hinsichtlich Körpergröße und Gewicht,

2. Angaben zu Untersuchungsergebnissen, Diagnosen und Behandlungsmaßnahmen,

3. Angaben über gerichtliche Verfahren sowie über Arbeits- und Beschäftigungsverhältnisse,

4. Namen und Anschriften von Ärztinnen und Ärzten und sonstigen Personen oder Stellen, die die untergebrachte Person behandeln oder betreuen,

5. der Lebenslauf der untergebrachten Person mit Angaben zu ihrer bisherigen Entwicklung,

6. gerichtliche Entscheidungen, die mit der Unterbringung in Zusammenhang stehen, sowie psychiatrische und psychologische Gutachten,

7. Angaben über gegenwärtige und frühere Krankheiten, Körperschäden und Verhaltensauffälligkeiten.

(…)

(2)–(3) (…)

§ 35 Abs. 1 Nr. 1, Abs. 3 MVollzG LSA – Datenübermittlung

(1) Die Leiterin oder der Leiter der Einrichtung oder die stellvertretende Leiterin oder der stellvertretende Leiter der Einrichtung darf personenbezogene Daten, die nach den §§ 32 und 33 verarbeitet wurden, an Dritte übermitteln, soweit dies erforderlich ist

1. zur Unterrichtung der Vollstreckungsbehörde, des Vollstreckungsgerichts, der Führungsaufsicht, des Sozialen Dienstes der Justiz oder der für eine Weiterbetreuung vorgesehenen forensischen Ambulanz,

2.–13. (…)

(…)

(2) (…)

(3) Die in § 203 Abs. 1 Nrn. 1, 2 und 5 des Strafgesetzbuches genannten Beschäftigten der Einrichtung sind befugt, Geheimnisse, die ihnen im Rahmen des durch § 203 des Strafgesetzbuches geschützten Verhältnisses anvertraut oder sonst bekannt geworden sind, gegenüber einer forensischen Ambulanz zu offenbaren, soweit dies notwendig ist, um der untergebrachten Person zu helfen, nicht wieder straffällig zu werden.

XV. Schleswig-Holstein

Maßregelvollzugsgesetz (MVollzG) Vom 11. Dezember 2020 (GVOBl. 2020, 1019)

§ 35 S. 1 MVollzG SH – Anregung einer Aussetzung zur Bewährung oder zur Erledigung der Maßregel

Die Einrichtung des Maßregelvollzugs unterrichtet die Strafvollstreckungsbehörde und die Aufsichtsbehörde, sobald es nach ihrer Beurteilung geboten ist, die Vollstreckung im Maßregelvollzug zur Bewährung auszusetzen oder die Maßregel zu erledigen (…).

§ 39 Abs. 1, Abs. 2 S. 1 Nr. 1 Var. 1 bzw. 2 und S. 2 MVollzG SH – Datenübermittlung

(1) Ärztinnen und Ärzte, sonstige behandelnde oder betreuende Personen, Gerichte, Staatsanwaltschaften und Behörden sind befugt, der Einrichtung des Maßregelvollzugs Strafurteile, staatsanwaltschaftliche Ermittlungssachverhalte, psychiatrische und psychologische Gutachten aus gerichtlichen oder staatsanwaltlichen Verfahren, den Lebenslauf und Angaben über die bisherige Entwicklung sowie Angaben über Krankheiten, Körperschäden und Verhaltensauffälligkeiten des untergebrachten Menschen durch Übermittlung offen zu legen, es sei denn, dass Rechtsvorschriften außerhalb der allgemeinen Regelungen über die Berufs- und Amtsverschwiegenheit dies untersagen. Für besondere Kategorien personenbezogener Daten gilt dies nur, soweit dies zur rechtmäßigen Erfüllung der Zwecke, zu denen sie übermittelt werden sollen, unbedingt erforderlich ist.

(2) Die Einrichtung des Maßregelvollzugs darf personenbezogene Daten an Dritte übermitteln, soweit dies erforderlich ist,

1. zur Unterrichtung der Strafvollstreckungsbehörde, des Gerichtes, der Führungsaufsichtsstelle, der Bewährungshilfe, der rechtlichen Betreuerin oder des rechtlichen Betreuers oder der gesetzlichen Vertreterinnen oder Vertreter,

2.–12 (…) (…)

Besondere Kategorien personenbezogener Daten dürfen nur übermittelt werden, soweit dies zur Erfüllung der Aufgaben nach Satz 1 unbedingt erforderlich ist.

(3)–(6) (…)

XVI. Thüringen

Thüringer Maßregelvollzugsgesetz (ThürMRVG) Vom 8. August 2014 (GVBl. 2014, 545)

§ 34 Abs. 1 und 2, Abs. 5 ThürMRVG – Begriffsbestimmung, Grundsatz, elektronische Akte

(1) Personenbezogene Daten sind alle Informationen, die sich auf identifizierte oder identifizierbare natürliche Personen (im Folgenden „betroffene Person") beziehen.

(2) Besondere Kategorien von personenbezogenen Daten im Sinne dieses Gesetzes sind:

1. die der Identifizierung dienenden Angaben des Untergebrachten sowie

2. Angaben des Untergebrachten zu:

a) seinem Lebenslauf und seiner bisherigen Entwicklung,
b) seinen Krankheiten sowie den behandelnden Ärzten und Therapeuten,
c) seinem gesetzlichen Vertreter oder Betreuer oder ihn betreffende Verwaltungs- und Gerichtsverfahren zur Bestellung eines Betreuers,
d) dem die Unterbringung nach § 1 anordnenden Urteil oder Beschluss,
e) ihn betreffende frühere Straf- und Ermittlungsverfahren,
f) seinem sozialen Umfeld,
g) seinem Vermögen sowie vermögenswerten Ansprüchen gegenüber Dritten und
h) möglichen Kostenträgern.

(3)–(4) (…)

(5) Es gelten die Bestimmungen des Thüringer Krankenhausgesetzes (ThürKHG) und des Thüringer Datenschutzgesetzes (ThürDSG), soweit in diesem Gesetz nichts anderes bestimmt ist.

(6) (…)

§ 37 Abs. 1 ThürMRVG – Datenverarbeitung

(1) Die Vollzugseinrichtung darf personenbezogene Daten, die nach § 36 gespeichert sind oder gespeichert werden dürfen, verarbeiten, soweit dies für den Vollzug der Unterbringungen nach § 1 erforderlich und mit pseudonymisierten Daten nicht möglich ist. Die Datenverarbeitung ist zulässig zur Abwehr von Gefahren für die öffentliche Sicherheit oder Ordnung, zur Verfolgung von Straftaten oder Ordnungswidrigkeiten, zur Fortsetzung oder Wiederaufnahme einer während des früheren Vollzugs einer Unterbringung nach § 1 begonnenen

Behandlung des Untergebrachten und zur Anfertigung von Gutachten über den Untergebrachten.

(2) (…)

§ 39 Abs. 1 Nr. 1, Abs. 3 ThürMRVG – Datenübermittlung

(1) Die Vollzugseinrichtungen dürfen personenbezogene Daten an Dritte übermitteln, soweit dies

1. zur Unterrichtung der Vollstreckungsbehörde, der Strafvollstreckungs- oder Jugendkammer, der Führungsaufsichtsstelle oder den Sozialen Diensten in der Justiz,

2.–10. (…)

erforderlich ist.

(2) (…)

(3) Ärzte, Psychotherapeuten, Psychologen, Gerichte und Behörden sind befugt, den Vollzugseinrichtungen Strafurteile, Beschlüsse, staatsanwaltschaftliche Ermittlungssachverhalte, psychiatrische und psychologische Gutachten aus gerichtlichen oder staatsanwaltschaftlichen Verfahren, den Lebenslauf und Angaben über die bisherige Entwicklung sowie Angaben über Krankheiten, Körperschäden und Verhaltensauffälligkeiten der Untergebrachten zu übermitteln, soweit dies für den Zweck der Unterbringung nach § 1 erforderlich ist, es sei denn, dass Rechtsvorschriften außerhalb der allgemeinen Regelungen über die Berufs- und Amtsverschwiegenheit dies untersagen.

(4) (…)

Thüringer Datenschutzgesetz (ThürDSG) Vom 6. Juni 2018 (GVBl. 2018, 29)

§ 31 ThürDSG – Anwendungsbereich

(Artikel 1 Abs. 1, Artikel 2 Abs. 1 der Richtlinie (EU) 2016/680)

Die Bestimmungen dieses Abschnitts gelten für die Verarbeitung personenbezogener Daten durch die für die Verhütung, Ermittlung, Aufdeckung, Verfolgung oder Ahndung von Straftaten oder Ordnungswidrigkeiten zuständigen öffentlichen Stellen, soweit sie Daten zum Zweck der Erfüllung dieser Aufgaben verarbeiten. Die öffentlichen Stellen gelten dabei als Verantwortliche. Die Verhütung von Straftaten im Sinne des Satzes 1 umfasst den Schutz vor und die Abwehr von Gefahren für die öffentliche Sicherheit. Die Sätze 1 und 2 finden zudem Anwendung auf diejenigen öffentlichen Stellen, die für die Vollstreckung von Strafen oder Maßnahmen im Sinne des § 11 Abs. 1 Nr. 8 StGB, von Erziehungsmaßregeln oder Zuchtmitteln im Sinne des Jugendgerichtsgesetzes oder von Geldbußen zuständig sind. Soweit dieser Abschnitt Bestimmungen für Auftragsverarbeiter enthält, gilt er auch für diese.

§ 37 Abs. 1 ThürDSG – Verarbeitung besonderer Kategorien personenbezogener Daten

(Artikel 10 der Richtlinie (EU) 2016/680)

(1) Die Verarbeitung besonderer Kategorien personenbezogener Daten ist nur zulässig, wenn sie zur Aufgabenerfüllung unbedingt erforderlich ist.

(2) (…)

Literatur

Abraham, Markus, Datenschutz im Maßregelvollzug, Anmerkung zu BVerfG 2 BvR 883/17, Onlinezeitschrift für Höchstrichterliche Rechtsprechung zum Strafrecht 2019, Heft 3, S. 101–105.

Adt, Margarete, Schweigepflicht und die Entbindung von der Schweigepflicht, Recht & Psychiatrie 1998 (16. Jhg.), S. 72–79.

Albers, Marion, Aktualität und Praxisrelevanz des Rechts auf informationelle Selbstbestimmung, in: Pollähne, Helmut/Rode, Irmgard (Hrsg.), Schweigepflicht und Datenschutz, Neue kriminalpolitische Herausforderungen – alte Antworten?, 2010, S. 27–38.

Albers, Marion/Schimke, Anna, § 48 BDSG in: Wolff, Heinrich Amadeus/Brink, Stefan/von Ungern-Sternberg, Antje (Hrsg.), Beck'scher Online-Kommentar Datenschutzrecht, DS-GVO, DA, DGA, BDSG, Datenschutz und Datennutzung, München, 55. Ed., Stand 1.2.2026.

Albrecht, Peter-Alexis, Aspekte des Maßregelvollzugs im psychiatrischen Krankenhaus, Monatsschrift für Kriminologie und Strafrechtsreform (61. Jhg.), Heft 2, 1978, S. 104–126.

Appl, Ekkehard, § 463 StPO, in: Barthe, Christoph/Gericke, Jan (Hrsg.), Karlsruher Kommentar zur Strafprozessordnung mit GVG, EGGVG und EMRK, 9. Aufl. 2023, C.H. Beck: München.

Arloth, Frank, § 136 StVollzG, Art. 201 BayStVollzG, in: Arloth, Frank/Krä, Horst (Hrsg.), StVollzG, Strafvollzugsgesetze von Bund und Ländern, Kommentar, 5. Aufl. 2021, C.H. Beck: München.

Aufsattler, Werner/Oswald, Margit/Geisler, Werner/Graßhoff, Uta, Eine Analyse richterlicher Entscheidungen über die Strafrestaussetzung nach § 57 I StGB, Monatsschrift für Kriminologie und Strafrechtsreform (65. Jhg.), Heft 5, 1982, S. 305–317.

Baier, Helmut, Einfluss des europäischen Rechts auf den Justizvollzugsdatenschutz, Verhältnis von DS-GVO, JI-Richtlinie und Vollzugsgesetzen, Zeitschrift für Datenschutzrecht, 2019, Heft 12, S. 545–550.

Baier, Helmut, Neues zum Justizvollzugsdatenschutz – Teil 1, Forum Strafvollzug 2019, Heft 5, S. 373–378.

Baier, Helmut, § 463 StPO, in: Radtke, Henning/Hohmann, Olaf (Hrsg.), Strafprozessordnung, Kommentar, 2. Aufl. 2025, Vahlen: München.

Beier, Klaus. M./Hinrichs, Günter, Wortlaut der endgültig verabschiedeten Fassung der Thesen für die Psychotherapie mit Straffälligen, in: dies. (Hrsg.), Psychotherapie mit Straffälligen, Standorte und Thesen zum Verhältnis Patient – Therapeut – Justiz, 1995, Fischer: Stuttgart, S. 158–171.

Beier, Klaus. M./Hinrichs, Günter, Die Sankelmarker Thesen zur Psychotherapie mit Straffälligen, Monatsschrift für Kriminologie und Strafrechtsreform 1996 (79. Jhg.), Heft 1, S. 25–37.

K. Neßeler, *Gutachterliche Stellungnahmen in der Maßregelvollstreckung (§ 63 StGB)*, MedR Schriftenreihe Medizinrecht,
https://doi.org/10.1007/978-3-662-73984-6

Bernhard, Stephan, Keine Handlungsspielräume der Verteidigung bei psychiatrischen Kriminalprognosen?, in: Heer, Marianne/Habermeyer, Elmar/Bernhard, Stephan (Hrsg.), Forum Justiz & Psychiatrie, Umgang mit kriminalprognostischen Aussagen und Prognoseinstrumenten, 2025, S. 49–59.

Böhm, Alexander/Erhard, Christopher, Die Praxis der bedingten Strafrestaussetzung, Eine Untersuchung zur Anwendung des § 57 StGB in Hessen, Monatsschrift für Kriminologie und Strafrechtsreform (67. Jhg.), Heft 5, 1984, S. 365–378.

Böllinger, Lorenz, Ein Schlag gegen das Resozialisierungsprinzip, Offenbarungspflicht der Therapeuten im Strafvollzug. Zeitschrift für Sexualforschung 1999 (12. Jhg.), Heft 2, S. 140–158.

Böllinger, Lorenz, Offenbarungspflicht der Therapeuten im Strafvollzug – ein Schlag gegen die forensische Psychotherapie, Monatsschrift für Kriminologie und Strafrechtsreform 2000 (83. Jhg.), Heft 1, S. 11–22.

Böllinger, Lorenz, Kontrolle der Innenwelt statt Resozialisierung. Zur Offenbarungspflicht der Therapeuten im Strafvollzug, Forensische Psychiatrie und Psychotherapie, 2003 (10. Jhg.), Heft 2, S. 17–45.

Bötticher, Axel/Koller, Matthias/Böhm, Klaus M./Brettel, Hauke/Dölling, Dieter/Höffler, Katrin/Müller-Metz, Reinhard/Pfister, Wolfgang/Schneider, Ursula/Schöch, Heinz/Wolf, Thomas, Empfehlungen für Prognosegutachten, Rechtliche Rahmenbedingungen für Prognosen im Strafverfahren, Neue Zeitschrift für Strafrecht 2019, Heft 10, S. 553–573.

Brandewiede, Peter, Psychotherapie im Strafvollzug, in: Beier, Klaus. M./Hinrichs, Günter (Hrsg.), Psychotherapie mit Straffälligen, Standorte und Thesen zum Verhältnis Patient – Therapeut – Justiz, 1995, Fischer: Stuttgart, S. 36–40.

Braun, Frank, § 48 BDSG, in: Gola, Peter/Heckmann, Dirk (Hrsg.), DS-GVO BDSG, Datenschutz-Grundverordnung VO (EU) 2016/679, Bundesdatenschutzgesetz, Kommentar, 3. Aufl. 2022, C.H. Beck: München.

Brettel, Hauke, Patientenrechte von Strafgefangenen, GesundheitsRecht 2017, S. 477–483.

Bringewat, Peter, Strafvollstreckung, Kommentar zu den §§ 449–463d StPO, 1. Aufl. 1993, Nomos: Baden-Baden.

Brüning, Janique, Vor §§ 449–463e StPO, in: Rotsch, Thomas/Saliger, Frank/Tsambikakis, Michael (Hrsg.), StPO, Strafprozessordnung mit GVG EGGVG, 1. Aufl. 2025, Nomos: Baden-Baden.

Buchner, Bendikt, Grundsätze des Datenschutzrechts, in: Tinnefeld, Marie-Theres/Buchner, Benedikt/Petri, Thomas/Hansen, Marit: Einführung in das Datenschutzrecht, Datenschutz und Informationsfreiheit in europäischer Sicht, 8. Aufl. 2024, De Gruyter: Berlin, S. 91–207.

Bundesministerium des Innern, für Bau und Heimat, Evaluierung des Gesetzes zur Anpassung des Datenschutzrechts an die Verordnung (EU) 2016/679 und zur Umsetzung der Richtlinie (EU) 2016/680, Oktober 2021, online verfügbar unter https://www.bmi.bund.de/SharedDocs/evaluierung-von-gesetzen/downloads/berichte/evaluierung-bdsg.pdf?__blob=publicationFile&v=6 (zuletzt am 31.03.2026).

Cierniak, Jürgen/Niehaus, Holger, § 203 StGB, in: Erb, Volker/Schäfer, Jürgen (Hrsg.), Münchener Kommentar zum StGB, Band 4 §§ 185–262, 5. Aufl. 2025, C.H. Beck: München.

Coen, Christoph, § 463 StPO, in: Graf, Jürgen (Hrsg.), Beck'scher Online-Kommentar StPO mit RiStBV und MiStra, 59. Edition, Stand: 01.04.2026, C.H. Beck: München.

Dahle, Klaus-Peter/Schneider, Vera/Konrad, Norbert, Psychotherapie im Justizvollzug nach der Änderung des Strafvollzugsgesetzes, Psychotherapie Psychosomatik Medizinische Psychologie 2003 (Volume 53), S. 178–184.

Dallmeyer, Jens, Kap. 2 Abgrenzung des Beweisantrags von ähnlichen Anträgen und Prozesshandlungen, in: Alsberg, Max (Begr.): Der Beweisantrag im Strafprozess, 8. Aufl. 2022, Wolters Kluwer: Hürth.

Debus, Alfred, § 17 LDSG BW, in: Debus, Alfred G./Sicko, Corinna (Hrsg.), Landesdatenschutzgesetz Baden-Württemberg, NomosKommentar, 1. Aufl. 2022, Nomos: Baden-Baden.

Dochow, Carsten, 4.1 Grundsystematik und Regelungen für die Verarbeitung von Gesundheitsdaten im Überblick, in: Dochow, Carsten/Dörfe, Bert-Sebastian/Halbe, Bernd/Hübner, Marlis/Ippach, Jan/Schröder, Jürgen/Schütz, Joachim/Strüve, Jakob (Hrsg.), Datenschutz in der ärztlichen Praxis, Leitfaden zur DS-GVO und zum BDSG mit Praxistipps, Musterdokumenten und Checklisten, 1. Aufl. 2019, Deutscher Ärzteverlag: Köln.

Dochow, Carsten, Unterscheidung und Verhältnis von Gesundheitsdatenschutz und ärztlicher Schweigepflicht (Teil 1), Medizinrecht (37. Jhg), 2019, Heft 4, S. 279–287.

Dormis, Anna/Lottkus, Sebastian, Datenschutz in der Strafvollstreckung und im Strafvollzug, Diese drei Schritte sollten Daten verarbeitende Personen kennen, Forum Strafvollzug 2024, Heft 5, S. 314–316.

Eichberger, Michael, Art. 2 Grundgesetz, in: Huber, Peter M./Voßkuhle, Andreas (Hrsg.): Grundgesetz, Band 1, Artikel 1–19, Kommentar, 8. Aufl. 2024, C.H. Beck: München.

Eichelbrönner, Nicolas, Die Grenzen der Schweigepflicht des Arztes und seiner berufsmäßig tätigen Gehilfen nach § 203 StGB im Hinblick auf Verhütung und Aufklärung von Straftaten, 2001, Diss., Peter Lang: Frankfurt a.M.

Eisele, Jörg, § 203 StGB, in: Tübinger Kommentar Strafgesetzbuch, 31. Aufl. 2025, C.H. Beck: München.

Eisenberg, Ulrich, Die Maßregel der Unterbringung in einem psychiatrischen Krankenhaus gemäß § 63 StGB und so genannte „Nicht-Therapiegeeignetheit", Neue Zeitschrift für Strafrecht 2004, Heft 5, S. 240–248.

Engelhardt, Karin, Schuldfähigkeitsbegutachtung und Strafurteil, Diss., 1995, Verlag Shaker: Aachen.

Fegert, Michael Jörg/Schnoor, Kathleen/König, Cornelia/Schläfke, Detlef, Psychiatrische Begutachtung in Sexualstrafverfahren, Eine empirische Untersuchung von Gutachten zur Schuldfähigkeit bei jugendlichen, heranwachsenden und erwachsenen Beschuldigten in Mecklenburg-Vorpommern, 2006, Centaurus Verlags-GmbH. & Co. KG: Herbolzheim.

Feil, Markus G., Zwischen Scylla und Charybdis, Vertraulichkeit in der forensischen Psychotherapie, Recht & Psychiatrie 2012 (30. Jhg.), S. 191–196.

Fischer, Thomas, Neuregelung des straf- und berufsrechtlichen Geheimschutzrechts, Zeitschrift für Medizinstrafrecht 2017, Heft 6, S. 321–322.

Fischer, Thomas/Anstötz, Stephan, § 203 StGB in: Fischer, Thomas, Strafgesetzbuch mit Nebengesetzen, 73. Aufl. 2026. C.H. Beck: München.

Frottier, Patrick/Frühwald, Stefan, „Sei standhaft, duldsam und verschwiegen", Ein Beitrag zur Verschwiegenheitspflicht in der forensischen Psychotherapie, in: Wagner, Elisabeth/Werdenich, Wolfgang (Hrsg.), Forensische Psychotherapie, Psychotherapie im Zwangskontext von Justiz, Medien und sozialer Kontrolle, 1998, Facultas: Wien, S. 81–96.

Geppert, Klaus, Die ärztliche Schweigepflicht im Strafvollzug, 1983, De Gruyter: Berlin.

Geyer, Christina/Haussmann, Ingrid/Steinböck, Herbert/Tilmann, Gabriele, Fortdauer der Unterbringung in einem psychiatrischen Krankenhaus gemäß § 63 StGB. Empfehlungen für den Inhalt der gutachterlichen Stellungnahmen der Maßregelvollzugseinrichtungen im Überprüfungsverfahren gemäß §§ 67d, 67e StGB, in: Neue Zeitschrift für Strafrecht 2017, Heft 4, S. 185–192.

Goerdeler, Jochen, Datenschutz im Maßregelvollzug, Recht & Psychiatrie 2014 (32. Jhg.), Heft 3, S. 129–141.

Goerdeler, Jochen, Teil III, Datenschutz, in: Feest, Johannes/Lesting, Wolfgang/Lindemann, Michael (Hrsg.), Strafvollzugsgesetze, Bundes- und Landesrecht, Kommentar, 8. Aufl. 2022, Carl Heymanns: Hürth.

Goerdeler, Jochen, Hitchhikers Guide zum Datenschutz, Ein erster Zugang in einfachen Schritten, Forum Strafvollzug 2024, Heft 5, S. 307–309.

Goerdeler, Jochen, Datenschutz im Justizvollzug, Europäischer Datenschutz, Zweckbindung, Einwilligung, Kernbereich privater Lebensgestaltung, Auslesen von Daten, Forum Strafvollzug 2024, Heft 5, S. 323–328.

Gretenkord, Lutz, Sollte der Therapeut zu „63er-Patienten" Beurteilungen abgeben?, in: Beier, Klaus. M./Hinrichs, Günter (Hrsg.), Psychotherapie mit Straffälligen, Standorte und Thesen zum Verhältnis Patient – Therapeut – Justiz, 1995, Fischer: Stuttgart, S. 124–145.

Gretenkord, Lutz, Der Therapeut als Doppelagent. Zum Rollenkonflikt des Psychotherapeuten in einer forensischen Institution, in: Wagner, Elisabeth/Werdenich, Wolfgang (Hrsg.), Forensische Psychotherapie. Therapeutische Arbeit im Zwangskontext von Justiz, Medizin und sozialer Kontrolle 1998, Facultas: Wien. S. 68–80.

Hadamitzky, Anke, § 85 StPO, in: Barthe, Christoph/Gericke, Jan (Hrsg.), Karlsruher Kommentar zur Strafprozessordnung mit GVG, EGGVG und EMRK, 9. Aufl. 2023, C.H. Beck: München.

Hahn, Gernot, Kap. 19 Maßregelvollzug – Unterbringung und Behandlung für psychisch kranke Straftäter:innen, in: Cornel, Heinz/Ghanem, Christian/Kawamura-Reindl, Gabriele/Pruin, Ineke Regina (Hrsg.), Resozialisierung. Handbuch für Studium, Wissenschaft und Praxis. 5. Aufl. 2023, Nomos: Baden-Baden, S. 331–348.

Harrendorf, Stefan, Die nachträgliche Sicherungsverwahrung und die Schweigepflicht des Therapeuten im Strafvollzug, Juristische Rundschau 2007, Heft 1, S. 18–20.

Heckel, Christian, Behördeninterne Geheimhaltung. Ein Beitrag zum amtsinternen Datenaustausch, Neue Zeitschrift für Verwaltungsrecht 1994, Heft 3, S. 224–229.

Heger, Martin, § 203 StGB, in: Lackner, Karl/Kühl, Kristian/Heger, Martin, Strafgesetzbuch, Kommentar, 31. Aufl. 2025, C.H. Beck: München.

Herzog, Felix, Hände weg von der ärztlichen Schweigepflicht!, Zeitschrift für Rechtspolitik 2015, Heft 4, S. 121–123.

Hilgendorf, Eric, § 203 StGB, in: Cirener, Gabriele/Laughütte, Heinrich Wilhelm/Radtke, Henning/Rissing-van Saan, Ruth/Rönnau, Thomas/Schluckebier, Wilhelm/Tiedemann, Klaus (Hrsg.), Leipziger Kommentar StGB Online, 2023, De Gruyter: Berlin, Boston.

Hinrichs, Günter, Psychotherapie mit Gewalttätern im Jugendstrafvollzug, Beschreibung eines Projektes und erste Erfahrungen, Monatsschrift für Kriminologie und Strafrechtsreform 1991 (74. Jhg), Heft 1, S. 17–26.

Hoyer, Andreas, § 203 StGB, in: Wolter, Jürgen/Hoyer, Andreas (Hrsg.), Systematischer Kommentar zum Strafgesetzbuch, Band 4, 10. Aufl. 2024, Carl Heymanns: Köln.

Hübner, Leonie, Umfang und Grenzen des strafrechtlichen Schutzes des Arztgeheimnisses nach § 203 StGB, 2011, Diss., Peter Lang: Frankfurt a.M.

Ignor, Alexander/Bertheau, Camilla, § 53 StPO, in: Becker, Jörg-Peter/Erb, Volker/Esser, Robert/Franke, Ulrich/Graalmann-Scheerer, Kirsten/Hilger, Hans/Ignor, Alexander, Löwe-Rosenberg StPO Online, 2017, De Gruyter: Berlin, Boston.

Kargl, Walter, § 203 StGB, in: Kindhäuser, Urs/Neumann, Ulfrid/Paeffgen, Hans-Ullrich/Saliger, Frank (Hrsg.), Strafgesetzbuch, NomosKommentar, 6. Aufl. 2023, Nomos: Baden-Baden.

Kern, Bernd-Rüdiger/Rehborn, Martin, § 5 Rechtsquellen, in: Laufs, Adolf/Kern, Bernd-Rüdiger/Rehborn, Martin (Hrsg.), Handbuch des Arztrechts, 5. Aufl. 2019, C.H. Beck: München.

Knauer, Florian, Anmerkung zu BVerfG vom 22.1.2015 – 2 BvR 2049/13, Zeitschrift für Medizinstrafrecht 2015, Heft 5, S. 296–298.

Koller, Matthias, Rechtsfragen zu Geheimhaltung und Offenbarung im neuen Kontrollsystem der Führungsaufsicht, in: Pollähne, Helmut/Rode, Irmgard (Hrsg.), Schweigepflicht und Datenschutz, Neue kriminalpolitische Herausforderungen – alte Antworten?, 2010, S. 133–163.

Koranyi, Johannes, Kap. O, Datenschutz, in: Laubenthal, Klaus/Nestler, Nina/Neubacher, Frank/Verrel, Torsten/Baier, Helmut (Hrsg.), Strafvollzugsgesetze, 13. Auflage 2024, C.H.Beck: München.

Krause, Daniel, § 85 StPO, in: Becker, Jörg-Peter/Erb, Volker/Esser, Robert/Franke, Ulrich/Graalmann-Scheerer, Hilger, Hans/Ignor, Alexander, Löwe-Rosenberg StPO Online, 2017, De Gruyter: Berlin, Boston.

Krauß, Detlef, Schweigepflicht und Schweigerecht des ärztlichen Sachverständigen im Strafprozeß, Zeitschrift für die gesamte Strafrechtswissenschaft 1985 (Band 97), Heft 1, S. 81–120.

Kreicker, Helmut, §§ 53, 54 StPO, in: Knauer, Christoph/Kudlich, Hans/Schneider, Hartmut (Hrsg.), Münchener Kommentar zur Strafprozessordnung, Band 1 §§ 1–150 StPO, 2. Aufl. 2023, C.H. Beck: München.

Kröber, Hans-Ludwig, Schweigepflicht im Maßregelvollzug, Forensische Psychiatrie, Psychologie, Kriminologie 2016 (Volume 10), S. 80–82.

Kruis Konrad, Die Vollstreckung freiheitsentziehender Maßregeln und die Verhältnismäßigkeit, Strafverteidiger 1998, Heft 2, S. 94–97.

Kunz, Annika Mara, Die Unterbringung in einem psychiatrischen Krankenhaus gemäß § 63 StGB. Eine Untersuchung der Anordnungs- und Vollstreckungsverfahren in den Landgerichtsbezirken Heidelberg und Berlin, 2025, Diss., LIT Verlag: Berlin.

Kunze, Torsten, § 1 JVollzDSG NRW, in: Arloth, Frank (Hrsg.), Beck'scher Online-Kommentar Strafvollzugsrecht Nordrhein-Westfalen, 24. Edition, Stand: 1.1.2026.

Langkeit, Jochen, Umfang und Grenzen der ärztlichen Schweigepflicht gemäß § 203 I Nr. 1 StGB, Neue Zeitschrift für Strafrecht 1994, Heft 1, S. 6–9.

Laubenthal, Klaus, Strafvollzug, 8. Aufl. 2019, Springer: Berlin.

Laubenthal, Klaus, Kap. Q Besondere Vollzugsformen, in: Laubenthal, Klaus/Nestler, Nina/Neubacher, Frank/Verrel, Torsten/Baier, Helmut (Hrsg.): Strafvollzugsgesetze, 13. Aufl. 2024, C.H. Beck: München.

Lesting, Wolfgang, Kap. G. Einzelne Grundrecht im Vollzug, in: Kammeier, Heinz/Pollähne, Helmut (Hrsg.), Maßregelvollzugsrecht. Kommentar, 4. Aufl. 2018, De Gruyter: Berlin/Boston, S. 307–361.

Lindemann, Michael, Kap. D. Behandlung, in: Kammeier, Heinz/Pollähne, Helmut (Hrsg.), Maßregelvollzugsrecht. Kommentar, 4. Aufl. 2018, De Gruyter: Berlin/Boston, S. 125–203.

Lindner, Josef Franz/Huber, Franziska, Medizinische Versorgung von Strafgefangenen, Zur Anwendung der §§ 630a ff. BGB im Strafvollzug, in: Beckmann, Rainer/Duttge, Gunnar/Gärditz, Klaus Ferdinand/Hillgruber, Christian/Windhöfel, Thomas (Hrsg.), Gedächtnisschrift für Herbert Tröndle, 2019, Duncker & Humblot: Berlin, S. 443–457.

Makepeace, Johannes, Kein Zeugnisverweigerungsrecht eines Arztes im Maßregelvollzug, Juristische Rundschau 2025, Heft 12, S. 632–636.

Marx, Michael, Schweigepflicht und Schweigerecht der Angehörigen des Behandlungsstabs im Straf- und Maßregelvollzug, Goltdammer's Archiv für Strafrecht 1983, S. 160–179.

Mehde, Veith, Art. 103 GG, in: Dürig, Günter/Herzog, Roman/Scholz, Rupert/Herdegen, Matthias/Klein, Hans. H. (Hrsg.), Grundgesetz Kommentar, Werkstand: 108. Ergänzungslieferung August 2025, C.H. Beck: München.

Meier, André, Der rechtliche Schutz patientenbezogener Gesundheitsdaten, 2003, Diss., Verlag Versicherungswirtschaft: Karlsruhe.

Michalowski, Sabine, Schutz der Vertraulichkeit strafrechtlich relevanter Patienteninformationen, Zeitschrift für die gesamte Strafrechtswissenschaft 1997 (109. Band), Heft 3, S. 519–544.

Molár-Gábor, Fruzsina, § 203 StGB, in: Tsambikakis, Michael/Rostalski, Frauke (Hrsg.), Medizinstrafrecht, NomosKommentar, 1. Aufl., 2023, Nomos: Baden-Baden.

Müller-Dietz, Heinz, Rechtsfragen der Unterbringung nach § 63 StGB, Neue Zeitschrift für Strafrecht 1983, Heft 4, S. 145–152.

Müller-Dietz, Heinz, Juristische Grundlagen und Dimensionen der Schweigepflicht des Arztes, in: Jung, Heike/Meiser, Richard Johannes/Müller, Egon (Hrsg.), Aktuelle Probleme und Perspektiven des Arztrechts, 1989, Ferdinand Enke: Stuttgart, S. 39–56.

Müller-Isberner, Rüdiger/Rohner, Anne/Eucker, Sabine, Ausgewählte rechtliche Einzelfragen aus psychiatrischer Sicht, in: Müller-Isberner, Rüdiger/Born, Petra/Eucker, Sabine/Eusterschulte, Beate (Hrsg.), Praxishandbuch Maßregelvollzug, Grundlagen, Konzepte und Praxis der Kriminaltherapie, 3. Aufl. 2017. Medizinisch Wissenschaftliche Verlagsgesellschaft: Berlin. S. 31–37.

Müller-Isberner, Rüdiger/Rohner, Anne/Eucker, Sabine, Begutachtungsfragen im Rahmen der Unterbringung im psychiatrischen Krankenhaus, in: Müller-Isberner, Rüdiger/Born, Petra/Eucker, Sabine/Eusterschulte, Beate (Hrsg.), Praxishandbuch Maßregelvollzug, Grundlagen, Konzepte und Praxis der Kriminaltherapie, 3. Aufl. 2017. Medizinisch Wissenschaftliche Verlagsgesellschaft: Berlin. S. 39–52.

Niehaus, Holger, § 1 JVollzGB IV, in: Goers, Matthias (Hrsg.) Beck'scher Online-Kommentar Strafvollzugsrecht Sachsen-Anhalt, 22. Edition, Stand: 15.12.2025, C.H. Beck: München.

Oelbermann, Jan, Kap. K. Rechtsschutz, in: Kammeier, Heinz/Pollähne, Helmut (Hrsg.), Maßregelvollzugsrecht. Kommentar, 4. Aufl. 2018, De Gruyter: Berlin/Boston.

Ofterdinger, Hannah Birte, Vom Reden und Schweigen des Anstaltsarztes. Eine strafrechtliche und strafprozessuale Betrachtung, 2023, Diss., Duncker & Humblot: Berlin.

Peglau, Jens, Das neue Recht der strafrechtlichen Unterbringung in einem psychiatrischen Krankenhaus, in: Neue Juristische Woche 2016, Heft 32, S. 2298–2302.

Pfäfflin, Friedemann, Zur Schweigepflicht in Psychiatrie und Psychotherapie, Regeln – Konflikte – Grenzen, in: Pollähne, Helmut/Rode, Irmgard (Hrsg.), Schweigepflicht und Datenschutz, Neue kriminalpolitische Herausforderungen – alte Antworten?, 2010, S. 39–52.

Pollähne, Helmut/Schäfer-Eikermann, Rainer, „... soll man denn zu Verbrechen schweigen?" Die Schweigepflicht im Maßregelvollzug im Verhältnis zu Strafverfolgungsinteressen, Recht & Psychiatrie 1988, S. 2–8.

Pollähne, Helmut, Schweigepflicht und Datenschutz: Neue kriminalpolitische Herausforderungen – alte Antworten?, in: Pollähne, Helmut/Rode, Irmgard (Hrsg.), Schweigepflicht und Datenschutz, Neue kriminalpolitische Herausforderungen – alte Antworten?, 2010, S. 5–26.

Pollähne, Helmut, Kap. B. Verfassungsrechtliche Grundlagen und Menschenrechte, in: Kammeier, Heinz/Pollähne, Helmut (Hrsg.), Maßregelvollzugsrecht. Kommentar, 4. Aufl. 2018, Berlin/Boston: De Gruyter, S. 31–81.

Popp, Andreas, § 203 StGB, in: Leipold, Klaus/Tsambikakis, Michael/Zöller, Mark A. (Hrsg.), AnwaltKommentar StGB, 3. Aufl. 2020, C.F. Müller: Heidelberg.

Riekenbrauk, Klaus, Kap. 32 Schweigepflicht – Datenschutz – Zeugnisverweigerungsrecht, in: Cornel, Heinz/Ghanem, Christian/Kawamura-Reindl, Gabriele/Pruin, Ineke Regina (Hrsg.), Resozialisierung. Handbuch für Studium, Wissenschaft und Praxis. 5. Aufl. 2023, Nomos: Baden-Baden, S. 557–585.

Rittmann, Dieter, Die Aufgaben der Strafvollstreckungskammer nach Anordnung der Unterbringung, in: Blau, Günter/Kammeier, Heinz (Hrsg.), Straftäter in der Psychiatrie, 1984, Enke: Stuttgart, S. 162–191.

Rixen, Stephan, Art. 2 Grundgesetz, in: von Coelln, Christian/Mann, Thomas (Hrsg.), Sachs Grundgesetz, 10. Aufl. 2024, C.H. Beck: München.

Rogall, Klaus, Die Verletzung von Privatgeheimnissen (§ 203 StGB) – Aktuelle Probleme und ungelöste Fragen –, Neue Zeitschrift für Strafrecht 1983, Heft 1, S. 1–9.

Rohner, Anne, Rechtsfragen im Vollzugsalltag, in: Müller-Isberner, Rüdiger/Born, Petra/Eucker, Sabine/Eusterschulte, Beate (Hrsg.), Praxishandbuch Maßregelvollzug, Grundlagen, Konzepte und Praxis der Kriminaltherapie, 3. Aufl. 2017, Medizinisch Wissenschaftliche Verlagsgesellschaft: Berlin. S. 69–125.

Roßnagel, Alexander, Art. 2 DSG-VO, in: Simitis, Spiros/Hornung, Gerrit/Spiecker, Indra (Hrsg.), Datenschutzrecht, DS-GVO/BDSG, 2. Aufl. 2025, Nomos: Baden-Baden.

Schmidt, Eberhard, Der Arzt im Strafrecht, 1939, Th. Weicher: Leipzig.

Schmitt, Bertram, § 85 StPO, in: Schmitt, Bertram/Köhler, Marcus, Strafprozessordnung, Gerichtsverfassungsgesetz, Nebengesetze und ergänzende Bestimmungen, 68. Aufl. 2025, C.H. Beck: München.

Schöch, Heinz, Schweige- und Offenbarungspflichten für Therapeuten im Maßregelvollzug, in: Amelung, Knut/Beulke, Werner/Lilie, Hans/Rosenau, Henning/Rüping, Hinrich/Wolfslast, Gabriele (Hrsg.), Strafrecht, Biorecht und Rechtsphilosophie. Festschrift für Hans-Ludwig Schreiber zum 70. Geburtstag am 10. Mai 2003, C.F. Müller: Heidelberg. S. 437–447.

Schott, Martin, Psychoanalyse im Strafvollzug, Recht & Psychiatrie 2009 (27. Jhg.), Heft 1, S. 20–26.

Sieber, Ulrich, Der strafrechtliche Schutz des Arzt- und Patientengeheimnisses unter den Bedingungen der modernen Informationstechnik, in: Arnold, Jörg/Burkhardt, Björn/Gropp, Walter/Heine, Günter/Koch, Hans-Georg/Lagodny, Otto/Perron, Walter/Walther, Susanne (Hrsg.), Menschengerechtes Strafrecht, Festschrift für Albin Eser zum 70. Geburtstag, 2005, C.H. Beck: München, S. 1155–1183.

Sinn, Arndt, § 63 StGB, in: Wolter, Jürgen/Hoyer, Andreas (Hrsg.), Systematischer Kommentar zum Strafgesetzbuch, Band 2, 10. Aufl. 2024, Carl Heymanns: Köln.

Snowadsky, Michael, § 12 LDSG BW, in: Debus, Alfred G./Sicko, Corinna (Hrsg.), Landesdatenschutzgesetz Baden-Württemberg, NomosKommentar, 1. Aufl. 2022, Nomos: Baden-Baden.

Statistisches Bundesamt, Rechtspflege – Strafverfolgung, Fachserie 10, Reihe 3, 2021. Online abrufbar unter https://www.destatis.de/DE/Themen/Staat/Justiz-Rechtspflege/Publikationen/Downloads-Strafverfolgung-Strafvollzug/strafverfolgung-2100300217004.html (zuletzt am 16.10.2025).

Thiel, Markus, § 48 BDSG, in: Simitis, Spiros/Hornung, Gerrit/Spiecker, Indra (Hrsg.), Datenschutzrecht, DS-GVO/BDSG, 2. Aufl. 2025, Nomos: Baden-Baden.

Tondorf, Günter, Behandler sind keine Sachverständigen. Ein Beitrag zu § 454 Abs. 2 StPO, Strafverteidiger 2000 (20. Jhg.), Heft 3, S. 171–173.

Trenckmann, Bettina, Kap. L. Vollstreckungsrecht der freiheitsentziehenden Maßregeln nach § 63 und § 64 StGB, in: Kammeier, Heinz/Pollähne, Helmut (Hrsg.), Maßregelvollzugsrecht. Kommentar, 4. Aufl. 2018, Berlin/Boston: De Gruyter, S. 489–635.

Ulsenheimer, Klaus, §§ 139–144, 155, in: Laufs, Adolf/Kern, Bernd-Rüdiger/Rehborn, Martin (Hrsg.), Handbuch des Arztrechts, 5. Aufl. 2019, C.H. Beck: München.

Ulsenheimer, Klaus/Gaede, Karsten, Das unbefugte Offenbaren fremder Geheimnisse, in: dies. (Hrsg.), Arztstrafrecht in der Praxis, 6. Aufl. 2020, C.F. Müller: Heidelberg, Rn. 1040–1110.

Vahlenkamp, Annika Kristin, Ärztliche Schweigepflicht im Strafverfahren, 2023, Diss., Mohr Siebeck: Tübingen.

Van Gemmeren, Gerhard, § 63 StGB, in: Erb, Volker/Schäfer, Jürgen (Hrsg.), Münchener Kommentar zum Strafgesetzbuch, Band 2, 5. Aufl. 2025, C.H. Beck: München.

Venzlaff, Ulrich, Psychiatrisch-psychologische Begutachtung bei der Unterbringung von Straftätern in einem psychiatrischen Krankenhaus und bei bedingter Entlassung, in: Blau, Günter/Kammeier, Heinz (Hrsg.), Straftäter in der Psychiatrie, Situation und Tendenzen des Maßregelvollzugs, 1984, Enke: Stuttgart, S. 96–106.

Verrel, Torsten, Schuldfähigkeitsbegutachtung und Strafzumessung bei Tötungsdelikten: eine empirische Untersuchung zur Bedeutung des psychowissenschaftlichen Sachverständigen im Strafverfahren, 1995, Wilhelm Fink Verlag: München.

Voigtel, Stephan, Zum Freibeweis bei Entscheidungen der Strafvollstreckungskammer, 1998, Diss., Lang: Frankfurt am Main u.a.

Volckart, Bernd, Wie ist die Stellungnahme des Maßregelkrankenhauses gegenüber der Strafvollstreckungskammer rechtlich einzuordnen?, Recht & Psychiatrie 1988 (8. Jhg.), Heft 1, S. 9–10.

Volckart, Bernd, Maßregelvollzug und Schweigepflicht, Recht & Psychiatrie 1990 (8. Jhg.), S. 158–165.

Volckart, Bernd, Auskünfte über untergebrachte Patienten in strafrechtlichen Ermittlungsverfahren, Recht & Psychiatrie 1996 (14. Jhg.), S. 187–191.

Volckart, Bernd/Grünebaum, Rolf, Maßregelvollzug, Das Recht des Vollzuges der Unterbringung nach §§ 63, 64 StGB in einem psychiatrischen Krankenhaus und in einer Erziehungsanstalt, 8. Aufl. 2015, Carl Heymanns: Köln.

Wahl, Thomas, Teil III B 2a JI-DS-RL, in: Schomburg/Lagodny, Internationale Rechtshilfe in Strafsachen, 6. Aufl. 2020, C.H. Beck: München.

Waider, Heribert, Ärztliche Schweigepflicht im psychiatrischen Krankenhaus, Recht & Psychiatrie 2006 (24. Jhg.), Heft 2, S. 65–74.

Waider, Heribert, Eingeschränkte ärztliche Schweigepflicht im Maßregelvollzug, in: Pollähne, Helmut/Rode, Irmgard (Hrsg.), Schweigepflicht und Datenschutz, Neue kriminalpolitische Herausforderungen – alte Antworten?, 2010, S. 99–122.

Weber, Hans-Jörg, Die berufsrechtliche Dimension der Schweigepflicht, in: Chasklowicz, Alexander/Schroeder-Printzen, Jörn/Spyra, Gerald/Weber, Hans-Jörg, Ärztliche Schweigepflicht und Schutz der Patientendaten, Wissenswertes vom Datenschutz über die Praxisdurchsuchung bis zum Zeugnisverweigerungsrecht des Arztes, 1. Aufl. 2017, ecomed MEDIZIN: Landsberg am Lech, S. 48–53.

Weichert, Thilo, Art. 9 DS-GVO, in: Kühling, Jürgen/Buchner, Benedikt (Hrsg.), DS-GVO – BDSG, Datenschutz-Grundverordnung, Bundesdatenschutzgesetz, Kommentar, 4. Aufl. 2024, C.H. Beck: München.

Werning, Nico, Teil C Vollzug, Maßregelvollzug, Fortdauerentscheidung, in: Burhoff, Detlef/Kotz, Peter (Hrsg.), Handbuch für die strafrechtliche Nachsorge, 1. Aufl. 2016, ZAP Verlag: Bonn, Rn. 39–70.

Wolff, Heinrich/von Ungern-Sternberg, Antje, Grundlagen und bereichsspezifischer Datenschutz, Syst. A. Prinzipien des Datenschutzrechts, in: Wolff, Heinrich Amadeus/Brink, Stefan/von Ungern-Sternberg, Antje (Hrsg.), Beck'scher Online-Kommentar Datenschutzrecht, DS-GVO, DA, DGA, BDSG, Datenschutz und Datennutzung, München, 55. Ed., Stand 1.2.2026.

Zander, Beryll, Umfang und Grenzen des ärztlichen Berufsgeheimnisses in Bezug auf Straftaten, Unter besonderer Berücksichtigung der Situation der forensischen Ambulanzen, 2017, Diss., Duncker & Humblot: Berlin.

Zwerenz, Burkhard, Das psychiatrische Gutachten vor Gericht und seine Auswirkungen auf das richterliche Urteil. Eine Untersuchung anhand von Fallbeispielen, 1985, Diss. (medizinische Fakultät der Rheinisch-Westfälischen Technischen Hochschule Aachen). Druckversion: Aachen.

FSC
www.fsc.org
MIX
Papier | Fördert gute Waldnutzung
FSC® C083411

Kolibri 360 GmbH
Ferdinand-Jühlke-Straße 7
99095 Erfurt, Deutschland
produktsicherheit@kolibri360.de